LES PREMIERS ELEMENS DE LA PEINTURE PRATIQUE

Enrichis de Figures de Proportion meſurées ſur l'Antique, deſinées & gravées par J. B. CORNEILLE Peintre de l'Academie Royale

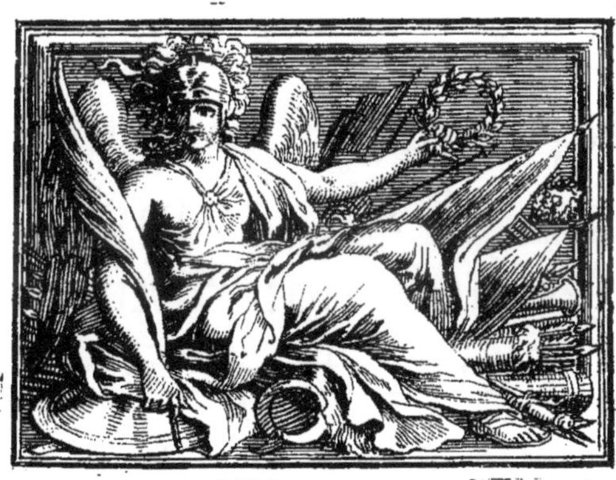

A PARIS,
Chez NICOLAS LANGLOIS, ruë Saint Jacques, à la Victoire.

M. DC. LXXXIV.
Avec Privilege du Roy.

LE LIBRAIRE AU LECTEUR.

FEU Mr du Fresnoy dans son Art de Peinture n'a point eu dessein d'instruire ceux qui veulent s'exercer à peindre, de tous les préparatifs qui leur sont necessaires ; il n'y a presque point de Peintre qui refuse de donner ces sortes de petites connoissances que l'on demande à mesure qu'on en a besoin dans la pratique. Cependant comme quantité de personnes qui commencent à peindre, m'ont témoigné souvent un deſir empreſſé d'avoir une notion de toutes ces choſes, j'ay crû que je ne devois pas leur refuſer le petit traité qui m'en eſt tombé entre les mains, dans lequel les plus avancez trouveront encore de quoy ſe ſatisfaire en bien des choſes. Et c'eſt ainſi que j'auray ſoin dans quelque temps d'en donner la ſuite & de rechercher tout ce qui peut contribuer à la connoiſſance des beaux Arts & à la ſatisfaction de ceux qui les aiment & qui les profeſſent.

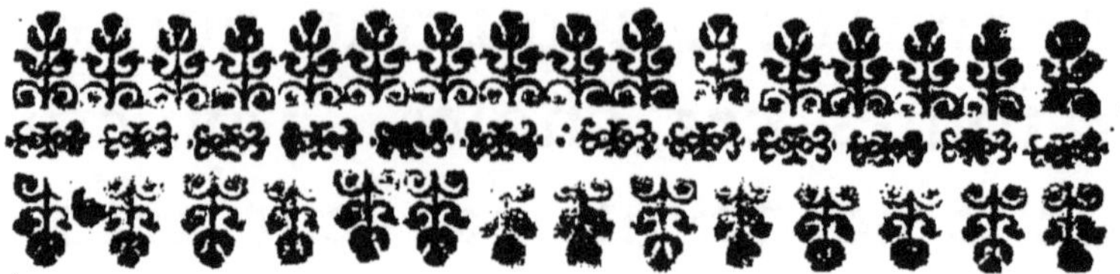

EXTRAIT DU PRIVILEGE du Roy.

PAR Grace & Privilege du Roy, en datte du 13. Avril 1684. Signé DALENCE, & scellé du grand Sceau de cire jaune: il est permis à NICOLAS LANGLOIS, Marchand Libraire à Paris, d'imprimer ou faire imprimer, vendre & debiter, un Livre intitulé *les Premiers Elemens de la Peinture Pratique*, en un ou plusieurs Volumes; en telle marge & caractere qu'il voudra, durant le temps de *dix années*, à compter du jour que ledit Livre sera achevé d'imprimer pour la premiere fois, en vertu du present Privilege. Et deffenses sont faites à tous Libraires, Imprimeurs & autres, d'imprimer, faire imprimer, vendre & distribuer ledit Livre sous quelque pretexte que ce soit, sans le consentement dudit Langlois, à peine de confiscation des Exemplaires contrefaits, mille livres d'amende, dépens, dommages & interests; ainsi qu'il eſt plus amplement expliqué par ledit Privilege.

Regiſtré ſur le Livre de la Communauté des Libraires & Imprimeurs de Paris, le 27. Février 1684.

Signé C. ANGOT Syndic.

Achevé d'imprimer pour la premiere fois le 29 Novembre 1684.

TABLE
DES CHAPITRES
contenus en ce Traité.

Fin de la Table des Chapitres.

LES PREMIERS ÉLEMENS DE LA PEINTURE PRATIQUE.

CHAPITRE PREMIER.

Ce que c'est que Peinture, & de combien de façons elle se pratique.

A Peinture enferme tant de belles connoissances, qu'il faudroit un long discours pour en donner une idée qui répondist à tous ses avantages. Ce Traité eſt trop petit, & n'eſt pas d'une aſſez grande conſequence pour y étaler le mérite de ce bel Art: Tous ceux qui en ont parlé, l'ont fait avec éloge: mais celui qui s'en eſt aquité le plus dignement, eſt M. l'Avocat General de Lamoignon dans un plaidoyé qu'il a fait pour un Sculpteur habille appellé Van-Opſtal; il eſt imprimé chez Cramoiſy, & je ne puis m'empêcher de vous inviter à le lire. Je me contenteray ſeulement de vous dire icy que la Peinture conſiderée ſelon ſon eſſence eſt un Art, qui par le moyen de la forme exterieure, & des couleurs imite ſur une ſuperficie plate tous les objets qui tombent ſous le ſens de la veuë.

Cette imitation qui ſe peut faire de pluſieurs façons eſt reduite communément à cinq qui ſont, l'Huile, la Freſque, la Détrempe, la Miniature, & le Paſtel: car pour la Peinture à la Moſaïque, en émail & ſur le verre, on n'a point eu deſſein d'en parler icy.

CHAPITRE II.

De la Diviſion de la Peinture.

ON diviſe ordinairement la Peinture en trois Parties, Invention, Deſſein & Coloris. L'Invention eſt une partie, qui ne s'acquiert que peu ou point du tout; elle vient d'une heureuſe naiſſance & ſe cultive par la lecture des bons livres, & par la veuë des bons Tableaux & des Sculptures Antiques. Cette partie conſiſte à trouver les objets que l'on veut faire entrer dans le tableau, & il eſt certain qu'on ne doit rien peindre ſans y avoir penſé. Cependant il y a quantité de tableaux où l'Invention n'eſt comptée pour rien: comme dans l'imitation d'une teſte, de quelques fruits, de quelques fleurs, & d'autres choſes ſemblables où l'imagination n'a comme point de part, & où il n'eſt queſtion que d'imiter ce que l'on voit.

Mais pour donner le caractere des objets viſibles, deux choſes ſont eſſentiellement neceſſaires, deſſiner & colorier. Par deſſiner l'on n'entend icy autre choſe, ſinon donner les veritables meſures & les proportions aux objets que l'on peint; & colorier, eſt donner à ces meſmes objets les couleurs, les lumieres & les ombres qui leur conviennent, en ſorte que par le Deſſein & par le Coloris on imite ſi bien la nature, que l'on trompe la veuë s'il eſt poſſible. Et c'eſt des premiers élemens de ces deux choſes dont on veut inſtruire ceux qui n'en ont preſque point ouï parler.

CHAPITRE III.

Des Proportions.

COmme les Proportions & les mesures des corps sont le fondement de la Peinture, il est necessaire d'en avoir une grande habitude, pour avoir du plaisir à peindre: parce que l'esprit ne sauroit vaquer facilement & avec attention à deux choses tout à la fois; ainsi pour employer les couleurs avec succés, il faut dessiner sans peine, & mettre chaque partie dans la place & de la grandeur qu'elle doit estre. Et le Coloris mesme ne seroit rien; si voulant faire un homme avec des couleurs, l'on faisoit un monstre, c'est à dire des membres disloquez, mal atachez les uns avec les autres, & mal proportionnez.

Cette habitude du dessein qui

doit eſtre conſommée dans un habile Peintre, ne demande pas toûjours d'eſtre contractée ſans aucune interruption : Au contraire il eſt fort bon dans l'eſtude du Deſſein, de s'éxercer de tems en tems à peindre quelque choſe, principalement pour ceux qui veulent eſtre Peintres, & cela fait pluſieurs bons effets. Premierement, l'eſprit ſe delaſſe par le changement d'ouvrage. Secondement, on en deſſine d'une maniere plus tendre & plus naturelle. Troiſiémement, on aquiert quelque habitude de peindre, qui eſt toûjours autant de fait, & enfin on évite un grand inconvenient qui eſt arrivé à pluſieurs bons deſſinateurs, leſquels ont tellement laiſſé prendre le deſſus à l'habitude du crayon, que lors qu'ils ont voulu enſuite manier le pinceau, ils ne l'ont pû faire que par rapport à cette habitude, & y ont trouvé des difficultez inſurmontables : au lieu que le maniment du crayon n'eſtant qu'un moyen, il doit toûjours se raporter au maniement du pinceau comme à sa fin : car dans la Peinture on ne peint pas pour dessiner; mais on doit dessiner pour peindre. Ainsi en peignant quelquefois par intervalle, on en dessine d'une maniere plus tendre & plus naturelle, qui n'est point opposée ni au bon goust, ni à la correction de la forme.

CHAPITRE IV.

Des mesures du corps Humain.

QUoique les Proportions regardent tous les corps tant animez qu'inanimez, cependant on s'attache plus particulierement en Peinture à celles du corps humain. Plusieurs ont écrit de ces proportions avec succés, bien que diversement : de sorte qu'il y en a qui ont plû à quelques-uns, d'autres à d'autres, ſelon que la methode dont ils en ont traité à paru plus utile.

Mais les Proportions qui plaiſent à tout le monde ſont celles des figures antiques, dont le gouſt, la correction & la pureté ont une approbation également générale. On a cru pour cette raiſon ne pouvoir vous donner de meilleur modele qu'en choiſiſſant parmi les ſtatuës antiques celles qui ſont les plus eſtimées, pour vous les mettre devant les yeux avec toutes leurs proportions, vous les trouverrez à la fin de ce Traité.

CHAPITRE V.

Des differentes façons de deſſiner.

IL ne ſuffit pas de tracer par des lignes, que l'on appelle contours, les proportions du corps humain, il faut encore les faire voir par le relief qui doit eſtre enfermé dans ces contours, ce qui ſe fait par l'aide des jours & des ombres que l'on donne aux Parties. Ces jours & ces ombres ſe donnent de pluſieurs manieres, & cela s'appelle communément deſſiner.

Les differentes façons de deſſiner ſe reduiſent ordinairement à trois, ſavoir, au Crayon, à la Plume, & au Lavis.

Le Crayon eſt plus facile à manier & plus propre à finir, & par conſequent plus convenable à ceux qui commencent ; il a cela de commode, qu'il s'efface quand on veut en le frottant legerement avec un peu de mie de pain : de cette façon l'on peut facilement corriger ou changer ſon ouvrage.

Pour s'avancer en cette pratique & prendre une bonne maniere, il faut copier d'abord des deſſeins faits de cette ſorte, c'eſt-à-dire avec du crayon, & qui ſoient maniez proprement & hardiment tout enſemble.

Les bons crayons contribuënt beaucoup à deſſiner avec plaiſir. L'on ſe ſert ordinairement de trois ſortes de pierres pour faire du crayon, l'une eſt rouge appellée ſanguine, l'autre noire & la troiſiéme, dite pierre de Mine. La bonté des unes & des autres conſiſte à eſtre tendre & douce : on en vend des crayons tout faits. Quand vous les aurez une fois bien choiſis, il faut avoir ſoin de ne les pas mettre dans un lieu où il faſſe trop ſec, comme dans la poche : car la chaleur les durcit, & l'on ne peut s'en ſervir aprés qu'en les moüillant de tems en tems d'eau ou de ſalive, ce qui eſt fort incommode.

La Plume convient, ce ſemble, mieux à ceux qui deſſinent facilement, qu'à ceux qui commencent, à cauſe que tous les coups portent, & qu'ils ne peuvent plus s'effacer.

Neanmoins il y en a qui croyent qu'il eſt bon de commencer par là, à cauſe qu'on prend plus garde à ce que l'on fait & où l'on place ſes traits, n'y ayant plus de retour pour effacer: mais la plus part des habiles ne ſont pas de cet avis. Pour aprendre à bien manier la plume, rien n'eſt meilleur que de copier des Eſtampes des Caraches, & de faire avec la plume les contours & les hachures que le burin à tracez: car pour leurs deſſeins à la plume il faut eſtre déja fort avancé pour en profiter, ils ſont touchez avec eſprit & d'un gouſt merveilleux.

Le Lavis eſt un uſage d'une liqueur dont on ſe ſert avec le pinceau pour donner les ombres neceſſaires à ſon deſſein. On meſle plus ou moins d'eau dans cette liqueur ſelon qu'on veut donner plus ou moins de force aux endroits que l'on touche. C'eſt pour cela qu'il faut avoir auprés de ſoy de l'eau nette dans laquelle vous déchargerez vostre pinceau tant & si peu que vous le jugerez necessaire, de mesme qu'il est fort libre de repasser tant qu'il vous plaira sur les ombres que vous voudrez fortifier & rendre plus obscures.

Cette façon de dessiner est beaucoup plus prompte & plus expeditive que les autres : mais elle n'est pas si propre à finir. Elle est commode pour les grands Peintres qui veulent mettre au dehors la pensée d'un grand ouvrage, & qui en veulent faire ce qu'on apelle un esquisse.

Ce n'est pas que l'on veuille deffendre cette façon de dessiner à ceux qui n'ont pas une si grande habilité : l'on peut fort bien comme par divertissement, & pour changer quelquefois se servir de celle des trois façons que l'on voudra & qui plaira davantage. L'on peut mesme si l'on veut mesler ces trois façons ensemble : car on voit plusieurs desſeins lavez & retouchez par deſſus à la plume ou au crayon.

On peut laver de pluſieurs couleurs, toutes ſortes de liqueurs ſont bonnes pour cela, pourvû qu'elles ſoient fort brunes dans leur couleur, & qu'elles puiſſent faire les ombres ſuffiſamment fortes. Mais les liqueurs dont on ſe ſert plus ordinairement, ſont celles qui ſe font d'encre de la Chine, de Biſtre, d'Inde : car ces trois choſes qui ſont pour l'ordinaire en pierre, ſe détrempent facilement avec un peu d'eau. L'inde eſt plus difficile à ſe diſſoudre, & c'eſt pour cela qu'on ne s'en ſert pas ſi volontiers. L'encre de la Chine eſt une compoſition qui ſe fait dans la Chine. La veritable eſt rare : mais la contrefaite qui vient de Hollande ſe trouve aſſez facilement, & n'eſt guere moins bonne que la veritable, quelques-uns meſme la trouvent meilleure & plus commode à l'employ. L'inde eſt une compoſition qui vient des Indes, qui est appellée par la pluspart des droguistes Indigo, & le bistre se fait de suye condensée, dissoute & desseichée.

CHAPITRE VI.

Quel doit estre le premier but de celui qui commence à dessiner.

CElui qui commence à dessiner doit se proposer d'abord trois choses; la premiere, d'accoustumer son œil à la justesse; la deuxiéme, d'aquerir de la facilité dans l'éxécution & de se rompre, comme on dit, la main au travail; & la troisiéme, de se faire le goust aux bonnes choses.

Pour accoustumer l'œil à la iustesse, il ne faut jamais se servir de compas pour rapporter sur vostre papier les mesures des parties que vous dessinez: mais juger de la grandeur d'un membre par celle d'un autre, regarder l'un, puis regarder l'autre, & comparer ainsi la proportion qui est entr'eux. Il faut dire par éxemple en soy-mesme, il me semble que cette ligne est longue comme la moitié de cette autre ; ou, que cette distance est égale à cette autre, ou quelle est plus ou moins grande, & ainsi du reste. Ce n'est pas que, quand vostre dessein sera fait, vous ne puissiez si vous le voulez vous servir de compas, pour voir par curiosité si vous aurez rencontré juste. Michelange disoit qu'il falloit avoir le compas dans les yeux.

La Facilité dans l'éxécution se contracte à force de travailler, & le travail est une chose que l'on ne peut assez recommander dans les Arts : tous les projets & toutes les pensées sont inutiles, sans la puissance de les mettre à éxécution, & rien n'est plus capable de donner du chagrin à celui qui travaille, que la peine qu'il a dans ſon travail : mais pour faire l'aplication de cette verité à celui qui deſſine, comment pourra-t'il ſatisfaire l'ardeur qu'il a d'apren-dre, ſi en voulant copier par exem-ple une belle figure ou un bel air de teſte, il trouve de la réſiſtance du coſté de ſa main laquelle n'aura pas eſté aſſez exercée, & ſe ſera roüil-lée pour ainſi dire dans la pareſſe? Apelles ne vouloit pas qu'on paſſaſt un ſeul jour ſans travailler.

Pour le gouſt, ſi on ne ſe le fait d'abord aux bonnes choſes, il eſt bien difficile que l'on ne s'accoûtu-me aux mauvaiſes, leſquelles on ne quitte qu'avec beaucoup de peine, & où l'on demeure ſouvent preſque toute ſa vie.

Nous venons de dire qu'il faut par un grand exercice accouſtumer les yeux à juger, & la main à travail-ler avec facilité : ſi ces habitudes ſe contractent ſur de mauvais modeles, le gouſt s'y fera inſenſiblement : car ce qui ce qui entre ſouvent dans l'eſprit par les yeux, y demeure long-tems, & y fait une forte impreſſion. Il eſt donc d'une extrême conſequence de ne preſenter d'abord aux yeux de ceux qui commencent à deſſiner que des choſes de bon gouſt, & que les deſſeins qu'ils imiteront viennent ou de l'Antique ou des Maiſtres generalement aprouvez.

CHAPITRE VII.

Par quels objets il faut commencer à deſſiner.

IL a eſté dit dans le Chapitre precedent, qu'il falloit que ceux qui commencent à deſſiner n'imitaſſent d'abord que des choſes capables de leur faire un bon gouſt, ainſi il n'eſt queſtion dans ce Chapitre, que de ſavoir s'il faut commencer par deſſiner ou du païſage, ou des fleurs, ou des animaux, ou des figures humaines, ou de toutes ces choſes indifferemment: car il y en a qui n'ont en veuë d'aprendre qu'à faire l'une de ces ſortes de choſes-là en particulier, & qui ne ſe ſoucient pas de ſavoir rien des autres.

Je dis qu'il eſt à propos à quoi qu'on veüille s'adonner dans la ſuite de commencer par deſſiner des têtes: & la raiſon en eſt, que l'on profite davantage, à cauſe que l'on s'attache beaucoup plus à donner l'air à une teſte qu'à une fleur, ou à un arbre, leſquels ne laiſſent pas de ſatisfaire & d'eſtre bien en eux-meſmes, pour avoir des parties plus ou moins grandes que celles qui ſe trouveroient à l'original; ainſi les deffauts en ſont moins ſenſibles, au lieu que pour peu qu'on s'eſloigne de la proportion des parties d'une teſte, les moindres deffauts en ſont tres remarquables. D'où il s'enſuit que l'on reconnoiſt ſoi-meſme plus facilement quand on a manqué, & à quoi il tient que la teste que l'on fait n'ait le mesme air que l'original. Celui qui dessine bien une teste, dessinera bien une fleur ; mais qui ne sait dessiner qu'une fleur n'est pas capable de dessiner une teste.

CHAPITRE VIII.

Qu'il est mieux de dessiner d'abord en grand.

IL faut dessiner en grand tout le plus qu'on peut, sur tout dans les commencemens ; parce que la main s'en rompt davantage & s'en fait plus hardie, & que les deffauts aussi-bien que les beautez en sont plus sensibles. Quiconque dessinera bien en grand dessinera bien en petit & plus hardiment qu'un autre : mais celui qui dessine bien en petit, ne dessinera pas toujours bien en grand;

& l'experience nous fait voir que ceux qui ne font ordinairement que des petites figures sont embarassez quand il leur faut faire quelque ouvrage en grand.

CHAPITRE IX.

Quand il faut dessiner d'apres Nature.

IL faut copier d'abord des desseins qui soient bien finis & sur du papier blanc, pour en concevoir plus facilement tout l'ouvrage, puis d'autres desseins indifferemment sur toutes sortes de papiers, & quand on aura passé environ une année avec assiduité dans cet exercice, & que l'on aura quelque facilité dans la main, il sera bon de dessiner d'apres des Tableaux pour se délasser, puis retourner à son exercice ordinaire, jusqu'à ce que l'on soit capable de dessiner d'apres la Bosse, laquelle on doit dessiner facilement avant que de dessiner d'apres Nature.

CHAPITRE X.

Qu'en dessinant, pour bien imiter son original, il faut commencer par esquisser.

ESquisser est faire paroistre une legere idée de ce que l'on veut faire, afin que si l'on se trompoit dans la veuë generale de son ouvrage l'on pust se corriger.

Il est du bon sens avant de commencer à terminer une partie, de voir si elle est proportionnée aux autres : or il est impossible de voir si elle est proportionnée aux autres qu'en les comparant, & vous ne pouvez les comparer qu'en les ayant toutes presentes devant les yeux. Il faut donc les distribuer toutes chacune en leur place, pour donner seulement à connoistre les masses : mais le plus promptement & le plus justement qu'il est possible, & que cela ſe faſſe d'une main legere avec du charbon tendre, & par des traits preſque inſenſibles, afin qu'on puiſſe les effacer facilement, quand on voudra arreſter le contours & terminer le détail de chaque choſe. Je veux par exemple imiter la teſte A, je feray l'eſquiſſe B, qui contient en gros toutes les parties, & enfin quand j'auray examiné la place de ces parties & la proportion qu'elles ont les unes avec les autres, & que j'en ſeray content, pour lors j'effaceray mon eſquiſſe, en paſſant un linge net legerement par deſſus, en ſorte neanmoins qu'il en reſte quelque legere trace, & je commenceray à terminer mes contours & mon ouvrage.

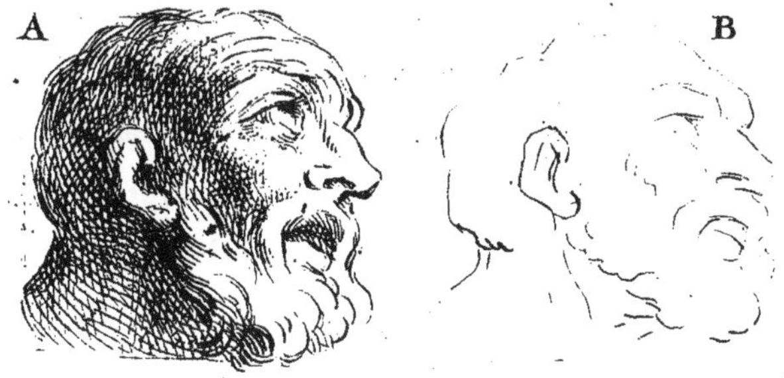

Il eſt à obſerver que pour eſquiſſer, il faut tenir ſon corps plus droit & eſtre un peu plus éloigné de ce que l'on fait qu'à l'ordinaire, de maniere que ſans hauſſer ni baiſſer la teſte, on puiſſe voir ſon original & ſon eſquiſſe, & les comparer enſemble.

CHAPITRE XI.

Avis pour aider à deſſiner juſte.

IL y a deux moyens faciles pour deſſiner quelque choſe que ce ſoit avec juſteſſe. Le premier eſt de proportionner une partie par une autre, & que vos yeux faſſent en cela l'office du compas, en rapportant & comparant la longueur ou la largeur de quelque choſe à quelque autre, en ſorte que l'on juge qu'elle eſt plus ou moins grande de tant, ou enfin qu'elle eſt égale. Ce premier moyen eſt admirable pour accoûtumer les yeux comme nous avons déja dit à la juſteſſe.

Le ſecond moyen, eſt de s'imaginer par tout des lignes à plomb, & des lignes à niveau, afin de voir ſi une partie répond à une autre de l'une de ces deux façons, & combien à peu prés il y aura à dire, afin que faiſant la meſme choſe ſur vôtre papier, vous imitiez plus juſtement voſtre modele, ou que vous rendiez voſtre copie plus conforme à ſon original. Vous pouvez encore vous imaginer d'autres lignes de quelle façon vous voudrez, quand elles pourront vous eſtre utiles, de la maniere que je viens de vous l'expliquer.

CHAP.

CHAPITRE XII.

Pratique excellente pour profiter de ses estudes.

ENTRE tous les moyens dont on peut se servir pour profiter de ses estudes, il n'y en a pas de meilleur à mon avis, que de faire par cœur & sans voir aucun original ou modele, les mesmes choses que vous aurez copiées le jour précedent d'aprés ou des desseins ou des tableaux, ou de la bosse, & de confronter ensuite ces seconds desseins avec les premiers, pour voir si vous en aurez bien retenu l'idée. Cette pratique fait trois bons effets, le premier est, que vous vous imprimez plus avant dans l'esprit les beautez que vous cherchez & que vous avez étudiées : le second, que l'on s'attache davantage à considerer l'Original lors qu'on l'imite, ce qui fait que vostre copie en est encore mieux : & le troisiéme, que cela exerce la memoire qui est une chose tres necessaire dans quelque estude que ce soit, puisque le but de vos estudes est de retenir ce que vous estudiez, & il n'y en a pas de meilleur moyen que celui-ci.

CHAPITRE XIII.

Qu'il faut savoir terminer avant que de s'accoustumer à croquer.

ON apelle un dessein croqué, celui qui n'estant point terminé d'ouvrage & de travail, & n'étant touché que par de grands coups, ne laisse pas de faire beaucoup d'effet quand il est éloigné. Or comme cette façon de dessiner est expeditive & libertine pour ainsi parler, l'esprit qui est naturellement actif, libre, & impatient s'en accommoderoit assez, s'il n'en prévoyoit les consequences, & ne faisoit reflexion que pour donner ces coups libres, il faut en avoir étudié les places par de grands soins & par une extrême exactitude : ce qui ne se peut faire qu'en s'attachant à finir toutes les parties. Et l'on est mesme plus propre dans la jeunesse & dans l'ardeur des commencemens à se donner ces soins ; puisqu'ils demandent un travail assidu auquel on ne se reduit pas volontiers dans la suite, quand on ne s'y est pas accoustumé dans les premiers ouvrages.

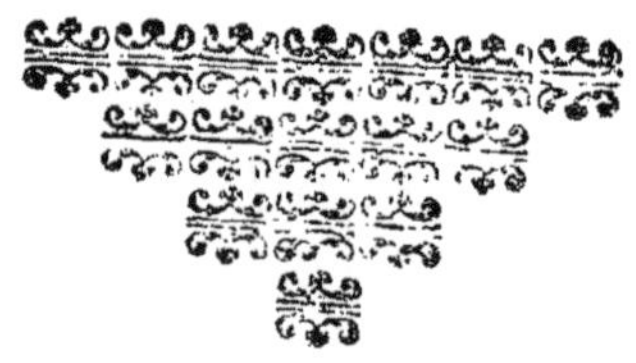

CHAPITRE XIV.

Qu'il faut donner l'eſprit & le caractere aux choſes que l'on deſſine, & le moyen d'y parvenir.

LE deſſein eſt pris non ſeulement pour la juſteſſe des contours, & pour la proportion des parties ; mais encore pour une imitation du caractere des objets viſibles, lequel caractere n'eſt autre choſe que l'effet que les objets font d'abord à nos yeux.

C'eſt dans cette derniere ſignification que le deſſein eſt un inſtrument dont on a beſoin en toutes rencontres pour exprimer plus nettement & plus vivement ſa penſée. Si vous voulez vous en ſervir avec ſuccés, il faut que vous faſſiez attention que ce deſſein n'eſtant encore qu'une imitation imparfaite ;

puiſque le Coloris y manque, il eſt neceſſaire de ſuppléer à ce deffaut par une expreſſion ſpirituelle de traits qui doivent eſtre differens ſelon la diverſité des objets qui ſe voyent dans la nature : car les figures demandent un maniement de crayon ou de plume tout particulier auſſi-bien que les animaux & les païſages, & chacun dans leur genre ont encore leurs parties qui veulent eſtre touchées differemment les unes des autres pour y donner l'eſprit & le veritable caractere. Il n'y a que ceux qui ont du genie, qui trouvent d'eux-meſmes les moyens de donner à ce qu'ils font cet eſprit dont je parle & qui ſoient capables de remarquer en quoy il conſiſte, & ſi tous ceux qui ont du genie n'en uſent pas de la ſorte, c'eſt qu'ils ne s'en ſont pas encore aviſez, & que faute de reflexions ils n'ont pas cultivé tous les talens qui ſont en eux: ainſi la penſée qui m'eſt icy venuë est plustost un avertissement particulier qu'une instruction generale.

Cet esprit se doit toujours prendre de la nature de la chose. Dans les figures, par éxemple, l'on peut considerer deux choses, ou le nud ou les draperies. Le caractere du Nud generalement parlant est d'estre uni, tendre & tournant en ronde bosse, & par consequent, il faut que les ombres en soient tendres & égales, soit qu'on les veüille finir ou qu'on ne le fasse que legerement : ainsi le maniment qui leur convient le plus, est de grener ou de hacher également, en sorte que dans les ombres le fond du papier ne paroisse point trop inégal ou trop sensible dans son inégalité.

Les Draperies dont la nature est d'estre remuantes & d'avoir une forme incertaine, veulent estre touchées avec plus de fermeté : Elles sont ou ondoyantes ou cassées ; les hachures conviennent tres-bien à l'une & à l'autre ſorte, en conſervant un mouvement de la main conforme à la nature des plis.

La pluſpart des Animaux ſont couverts ou de poil ou de plume, & c'eſt dans leur production principalement que la nature fait paroiſtre à nos yeux une merveilleuſe diverſité ſoit dans le general, ſoit dans le particulier de chaque animal. Combien de plumes differentes ſur un oyſeau, & combien de flocons de poils ou de laine differemment tournez ſur les animaux qui en portent; ainſi la bigarrure & la varieté ſont un des caracteres des animaux, il y en a encore un autre qui eſt la legereté, puiſque le moindre vent fait facilement mouvoir ce qui en paroiſt à nos yeux. Or ces caracteres de varieté & de legereté, ne peuvent ſe bien exprimer en deſſein que par la pointe du crayon ou par la plume dont on deſſine, que l'on tourne & que l'on manie diverſement ſelon la diversité du sens dont la plume ou le poil de l'animal sont tournez ou du mouvement ondoyant & bizarre dont le poil ou les floccons de laine sont disposez.

Le Païsage doit estre touché tendrement, & par masses dans les lointains, selon qu'ils sont plus ou moins enfoncez, & les feüilles qui sont sur le devant doivent estre refanduës & touchées plus pointuës ou plus rondes conformément à la nature de l'arbre que l'on veut representer : mais sur tout ce qui donne l'esprit & le bon goust aux païsages est la diversité & la legereté des arbres que l'on y represente. Ceux que l'on voit gravez en taille de bois d'aprés le Titien sont merveilleux pour le caractere, aussi ont-ils servi de modeles aux Caraches.

CHAPITRE XV.

Des differentes ſortes de Papiers.

IL y a de deux ſortes de Papiers ſur leſquels on peut deſſiner, le blanc & celui qui eſt d'une demie teinte. Et de celui de demie teinte, il y en a de trois ſortes, de gris, de bleu, & de biſtré.

Le gris & le bleu viennent des moulins tels qu'ils ſont avec leur couleur : mais le biſtré ſe fait de papier blanc ſur lequel on paſſe avec une éponge ou autre choſe de l'eau de ſuye plus ou moins chargée, ſelon que l'on deſire que le papier ſoit plus ou moins brun.

Ces papiers de demie teinte ont eſté inventez pour épargner le travail du crayon dans les endroits qui doivent eſtre de la meſme force, qu'eſt la teinte du papier, & l'on ſe ſert de crayon blanc pour faire paroiſtre les endroits éclairez. Cette façon eſt plus expeditive que ſur le papier blanc : mais ceux qui commencent, ne doivent pas s'en ſervir ſi-toſt, & quand ils s'en ſerviront, il faut qu'ils prennent d'abord du papier d'une teinte foible : car plus la teinte du papier eſt forte & chargée, plus il faut d'art pour y mettre le blanc.

Les marques du bon papier à deſſiner, ſont d'eſtre fort, & d'avoir le grain fin, & égal.

Pour ceux qui deſſinent à la plume, il ſuffit que leur papier ſoit uni, & pour ceux qui lavent, il faut qu'il ſoit uni & fort.

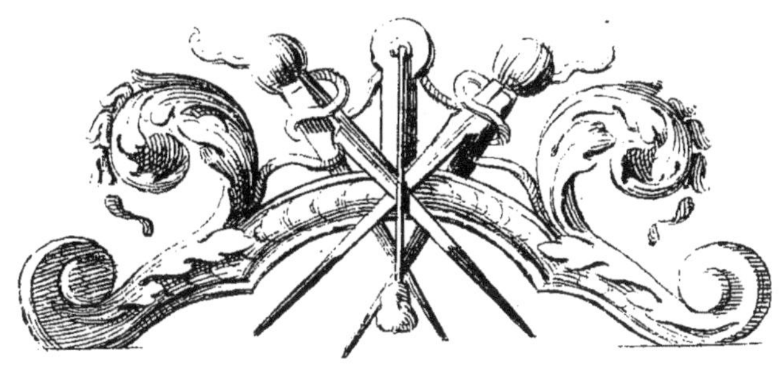

CHAPITRE XVI.

Comment on connoiſt ceux qui ont du genie pour la Peinture.

IL n'y a preſque perſonne qui n'aime la Peinture: mais il y en a tres-peu qui ſoient nez avec les talens neceſſaires pour y réüſſir. Ceux qui commencent à deſſiner, & qui n'ont point de genie, imitent ſervilement leur original ſans y mettre l'eſprit, & ſans ſonger à l'effet de l'ouvrage, ſoit pour la rondeur, ſoit pour l'expreſſion, s'attachant ſeulement à une fidelité exterieure dont on les peut veritablement loüer par deſſus les autres. Mais ceux qui ont du genie, eſtant frappez d'abord par l'effet de l'ouvrage qui eſt devant leurs yeux, ne manquent jamais de répandre dans leurs copies cet eſprit dont ils ſont animez eux-meſmes. La nature les a mis au monde avec des ſemences qui doivent produire leur fruit dans le tems. Mais les plantes en deviendront ſeiches & ſteriles ſi elles ne ſont arrouſées ſouvent par les ſueurs qui viennent du travail.

CHAPITRE XVII.

Du Coloris.

LE Coloris eſt l'intelligence de toutes les couleurs, des naturelles pour les imiter, & des artificielles pour en faire un mélange juſte & des teintes qui puiſſent representer celles des objets naturels. C'eſt donc par le Coloris que l'on donne aux corps que l'on veut peindre, les lumieres, les ombres & les couleurs qui leur conviennent, &

c'eſt de cette partie de la Peinture que les Tableaux reçoivent leur derniere perfection : car on ſuppoſe, & cela doit eſtre ainſi, que la juſteſſe du deſſein, c'eſt à dire des proportions y eſt parfaite. Mais pour avoir cette intelligence des couleurs, il eſt neceſſaire auparavant de les connoiſtre.

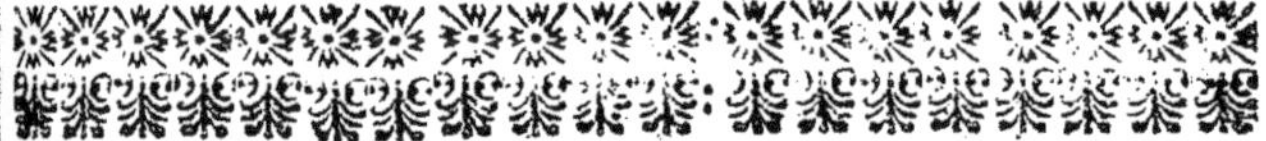

CHAPITRE XVIII.

De la Couleur.

JE ne definiray point icy la Couleur en Philoſophe, je diray ſeulement en Peintre, & conformément au ſujet que je me ſuis propoſé de traiter, que les couleurs qui ſervent dans la pratique de la Peinture ſont preſque de toutes ſortes de matieres. Elles ſont ou des terres ou des mineraux, ou des extraits & des compoſitions, ou d'autres choſes qui ont paſſé par le feu. Il y en a qui ſont propres pour la peinture à huile, d'autres pour la freſque, d'autres pour d'autres ſortes de peintures dont nous allons parler chacune en ſon rang.

CHAPITRE XIX.

De la Peinture à huile.

QUOY que la Peinture à huile ait eſté trouvée la derniere, cependant comme elle eſt la plus parfaite, en ce qu'elle imite plus parfaitement la nature, & qu'elle ſert preſentement comme de guide aux autres, je commenceray par elle à dire ce qu'elle a de particulier, & à parler des choſes qu'elle a communes avec les autres.

Il y a environ deux cent vingt ans que la Peinture à huile a esté trouvée. L'Auteur de cette belle invention a esté un Flamand appellé Jean de Bruges, qui l'apprit à un certain Antonin de Messine, lequel l'apporta de Flandres à Venise, où il se faisoit admirer de tous les autres Peintres, ausquels il prenoit grand soin de cacher son secret.

Jean Bellin, qui de ce tems-là estoit en grande reputation, & qui avoit un desir extrême de savoir comment Antonin faisoit pour donner tant d'union, tant de force & tant de douceur à ses Couleurs, s'avisa de s'habiller en Noble Venitien, & d'aller voir Antonin sous cette qualité, pour le prier de faire son Portrait. Antonin qui ne connoissoit pas extrémement Jean Bellin, & qui d'ailleurs fut trompé par l'aparence d'un veritable Noble, le reçut sans défiance, & travailla ſans précaution : mais le faux Noble, qui l'obſervoit attentivement, s'aperçut qu'en peignant il trempoit de tems en tems ſon Pinceau dans de l'Huile. Il n'en fallut pas davantage à Jean Bellin pour avoir la connoiſſance de la Peinture à Huile, qu'il a depuis toûjours pratiquée, & enſuite tous les Peintres d'Italie.

Dans la Peinture à Huile on ſe ſert ordinairement de huit Couleurs capitales, & deſquelles preſque toutes les autres ſe font & ſe compoſent par le mélange. Elles ſont rangées ſur la Palette à peu prés de cette maniere : 1. le Blanc-de-plomb : 2. l'Occre-jaune : 3. le Brun-rouge : 4. la Laque : 5. le Stil-de-grain : 6. la Terre-verte : 7. la Terre-d'ombre : 8 : le Noir-d'os. Ce ſont là les noms de ces huit Couleurs, & l'ordre avec lequel on les met preſque toûjours ſur la Palette.

En

En voici la Demonſtration.

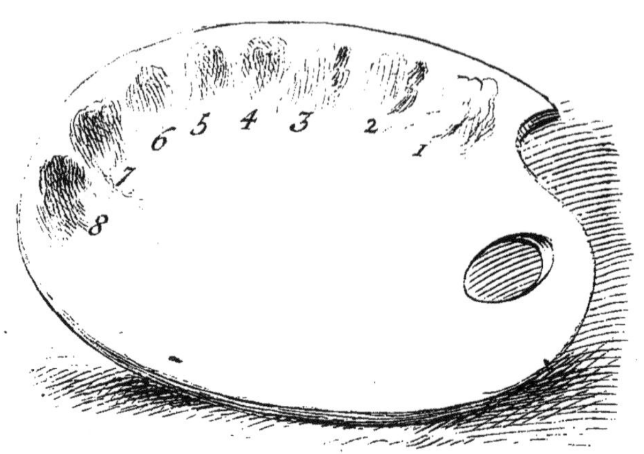

Ces Couleurs ſe vendent toutes broyées, & pour les avoir bien propres, & les conſerver longtems, il faut les faire mettre dans des Veſſies de porc, dont les Vendeurs de Couleurs ſe muniſſent exprés, pour contenter ceux qui en veulent. L'on fait un petit trou à coſté de ces Paquets de Couleurs, pour en faire ſortir, en preſſant la quantité à peu prés que l'on veut employer, laquelle on met ſur ſa Palette.

Il y en a encore d'autres qui se vendent en poudre, & qui se détrempent avec le Couteau, en y mêlant un peu d'huile lors seulement qu'on en a besoin. Ces Couleurs sont, l'Outremer, la Cendre-bleuë d'Allemagne, le Vermillon, le Massicot, le Noir de charbon, & d'autres encore, que l'on peut faire pulveriser, lesquelles ne sont pas d'une grande necessité, & que l'usage apprend assez.

Il y a de deux sortes de Laque; la grosse & la fine. La grosse Laque est une Couleur qui ne dure pas; c'est pourquoi il ne s'en faut servir que le moins que l'on peut, si ce n'est pour ébaucher de grandes Draperies, ou d'autres choses dans lesquelles il en entrast beaucoup. La bonne Laque fine vient de Venise, elle est chere, mais l'on en use bien peu quand ce n'est que pour les Carnations. Celle qui est la plus rosée, ou la moins violette eſt la meilleure : pour connoiſtre ſi elle eſt fine il faut la mettre tremper dans du jus de citron, dans lequel elle doit conſerver ſa couleur ſi elle eſt fine.

CHAPITRE XX.

Des Teintes & du Mélange des Couleurs.

IL eſt impoſſible de donner des inſtructions bien plauſibles ſur le Mélange des Couleurs, un peu d'uſage en apprend plus que toutes les paroles du monde, j'entens pour ceux qui commencent : car il y a certaines pratiques la-deſſus qui n'ont eſté miſes en uſage que par tres-peu de Peintres, & qui contribuent beaucoup à la beauté des Tableaux : mais ce n'eſt ici ni le tems ni le lieu d'en parler. Je dirai [illegible]ement pour ceux qui commencent à peindre, que le mieux qu'ils puissent faire d'abord est de copier quelques Testes bien fraisches & bien coloriées, parce que les commencemens laissent pour longtems une impression de la chose que l'on a copiée. Il y a des Peintres qui pour avoir commencé par copier des manieres grises, y sont demeurez toute leur vie. Supposons donc qu'il est question de copier une Teste d'une Carnation fraische & vive.

Quand on veut peindre quelque chose, il faut, pour une plus grande facilité faire les Teintes des Couleurs que l'on veut imiter en prenant avec le Couteau des Couleurs simples & capitales qui sont sur la Palette ce qu'il en faut, soit en qualité soit en quantité, & les mêler ensemble, pour en avoir la Teinte que l'on cherche. Les corps naturels ont ordinairement leurs jours, leurs Ombres, & leurs demies teintes ; & c'est pour les imiter en ces trois differens degrez, que le Peintre par le Mélange de ses Couleurs fait des Teintes sur sa Palette.

La Teste que nous supposons, est donc de cette sorte, elle a ses jours, ses Ombres, & ses demies teintes. Pour en imiter les jours, on fait ordinairement quatre Teintes claires ; dont la premiere est composée de Blanc & d'un peu de Jaune, la seconde de Blanc, de Vermillon & de Laque : de ces deux dernieres également & tres peu. La troisiéme se fait comme la seconde : en y mettant un tres peu plus de Laque & de Vermillon, & la quatriéme comme la troisiéme en y mélant encore un peu plus de ces deux dernieres Couleurs Vermillon & Laque. On en peut faire encore, si l'on veut, une cinquiéme encore plus chargée : ces Teintes ſe mettent de ſuite dans un meſme rang.

Pour les demies teintes & les Ombres, elles ſe peuvent placer au deſſous. Les demies teintes ſont ordinairement trois; la premiere ſe fait avec du Blanc, un peu de Jaune, un peu de Laque & un peu d'Outremer. La ſeconde comme la premiere, à la reſerve qu'il faut diminuer du Blanc & augmenter des trois autres. Et la troiſiéme comme la ſeconde, en diminuant encore du Blanc, & augmentant pareillement les trois autres.

Les Teintes pour les Ombres ſe peuvent fort bien mettre en ſuite des demies teintes. Il ſuffira d'en faire deux. La premiere ſera compoſée de Laque, d'Occre jaune & d'Outremer, en ſorte que le Jaune y ſoit en plus grande quantité que les deux autres, dont on mettra également. La ſeconde ſera tres-bonne avec du Stil-de-grain fin, de la Laque, & un peu de Noir-d'os.

Voici la diſpoſition de toutes ces Teintes ſur la Palette.

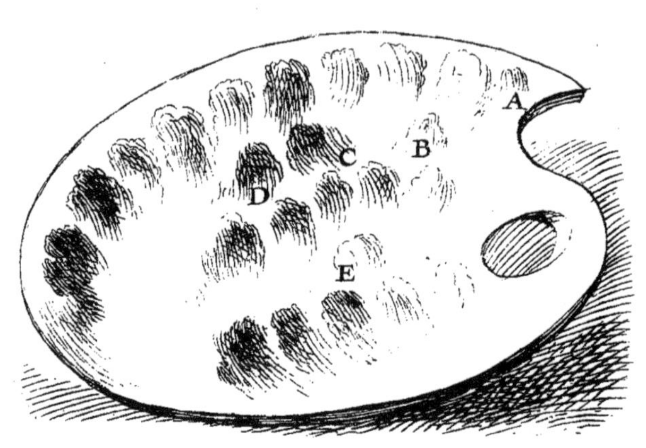

Celles qui ſont en haut ſont les Couleurs capitales, dont nous avons déja parlé, ſavoir Blanc de plomb, Occre-jaune, Brun-rouge, Laque, Stil-de-grain, Terre-verte, Terre-d'ombre, Noir-d'os, auſquelles on peut ajouter le Noir de charbon, qui pour certains uſages eſt meilleur que l'autre.

Pour les autres Couleurs, comme le Vermillon, la Laque fine, l'Outremer, & le Massicot, on les met où l'on veut: neanmoins il me semble que pour une plus grande commodité il faut mettre le Vermillon un peu à costé & au dessous du Blanc; ainsi qu'il est marqué par *a*, dautant qu'il n'en faut détremper qu'en fort petite quantité, & qu'on en a peu à faire dans les Carnations. Le Massicot se peut mettre fort bien au dessous & un peu à costé de l'Occre jaune, comme il est marqué d'un *b*, la Laque fine marquée *c* au dessous & un peu à costé de la grosse Laque: & l'Outremer en suite marqué *d*, les Teintes pour peindre les Carnations se mettent au dessous & font deux rangs: les Teintes pour les Jours font le rang de dessus, & celles des demies teintes & des Ombres, le rang de dessous, observant toujours de mettre les plus claires du costé du pouce. Entre ces deux rangs il est bon de mettre un peu

de

de Jaune, parce qu'on en a souvent affaire, & qu'il est plus commode de le prendre là avec le Pinceau pour le mêler en peignant avec les Teintes que l'on a préparées; il est marqué par *e*.

Il est à remarquer qu'au lieu d'Outremer dans la premiere Teinte d'Ombre, & même dans les demies teintes, l'on peut se servir de Noir d'os pour ébaucher ou pour épargner l'Outremer: mais la pratique n'en est pas si bonne, ni les Teintes si fraîches.

Il ne faut pas prétendre que toutes ces Teintes soient si justes, qu'il n'y ait qu'à les placer comme elles sont, pour faire tout l'effet que l'on desire, & pour imiter la Teste originale que l'on se propose: elles ne sont faites qu'à peu prés, & pour faciliter le mélange: car lorsque quelqu'une ne fait pas la Couleur que vous souhaittez, il faut avec le Pinceau prendre deçà & delà ce qui y manque, & la rendre enfin telle qu'elle doit eſtre, en y augmentant, ou diminuant.

Pour ce qui regarde le mêlange des Couleurs, & ce qu'elles font les unes avec les autres il n'y a que l'experience qui vous en puiſſe inſtruire. Je vous donne neanmoins avis de ne vous ſervir que le moins que vous pourrez de Terre-d'ombre, elle gaſte les autres Couleurs & elle n'eſt quaſi bonne qu'à faire ſécher des Fonds bruns, des Draperies brunes, & à employer dans quelques Terraſſes.

Quand on a quelque Draperie ou quelque autre choſe à peindre, qui ait ſes jours, ſes Ombres & ſes demies Teintes, il faut préparer ſur la Palette quatre ou cinq Teintes de ſuite, en mettant dans la Couleur dont on voudra peindre la choſe, une couleur claire dans les jours, & une Couleur brune dans les ombres, & cela par degrez, obſervant, comme j'ai déja dit, que la Teinte la plus claire ſoit ſur la Palette du coſté qu'on met le pouce, & les autres en ſuite, ſelon qu'elles deviennent plus obſcures.

CHAPITRE XXI.

Fautes ordinaires à ceux qui commencent à peindre.

CEux qui commenoent à peindre tombent ordinairement dans trois defauts. Le premier eſt qu'ils ſe ſervent de Pinceaux trop petits: le ſecond qu'ils donnent dans le Gris & qu'ils ne ſe ſervent pas aſſez de Jaune dans leurs Teintes: & le troiſiéme, qu'ils gaſtent & affadiſſent leurs teintes d'ombres par y meſler du Blanc en peignant & en ſe ſervant d'un Pinceau pour la teinte d'Ombre lequel aura ſervy à une autre teinte dans laquelle il entre du blanc.

Il faut donc pour obvier à ces inconveniens, premierement, ſe ſervir des plus gros pinceaux que l'on pourra ſelon que les choſes l'exigeront, & ne point faire en pluſieurs coups ce qui ſe peut faire en un. Secondement, eſtre en garde ſur le ſecond manquement: & troiſiémement s'accoûtumer à ne point broüiller les pinceaux; car pour peu qu'il y entre de blanc dans les grandes & veritables ombres, les carnations en perdent leur caractere & leur force; le jaune en cela faiſant un effet tout contraire doit dominer dans les ombres, pourvû qu'il n'y ait point trop d'afectation.

Les Cendres bleuës ne ſervent guere que pour faire du Païſage & rarement pour des Draperies. La Terre verte eſt bonne par tout où l'on veut l'employer, excepté dans les Carnations.

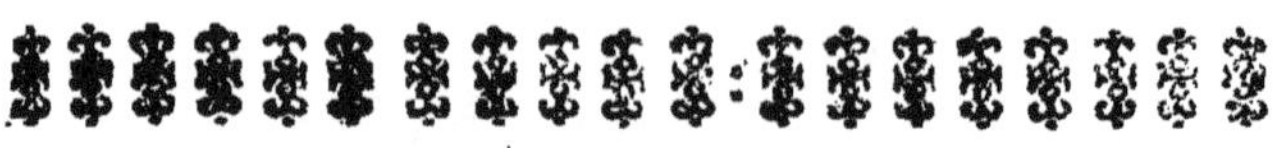

CHAPITRE XXII.

Qu'il faut estre curieux de bonnes Couleurs.

CEux qui sont consommez dans une heureuse pratique du Coloris ne sauroient avec de mauvaises couleurs faire rien de frais ny de durable, à plus forte raison ceux qui commencent. La dépense en cela est une mauvaise excuse, puisque sur une toile de 20 sols on ne sauroit dépenser pour 8 sols de couleurs; pourvû qu'il n'y ait point de Draperie d'outremer.

La bonté des couleurs consiste à estre bien broyées & à estre fines: il faut estre curieux sur tout d'avoir de beau jaune, de la laque fine qui ſoit tres-belle & du Stile-de-grain de Hollande dont le meilleur eſt en petites écailles, celuy qui tire ſur le verd ne vaut rien pour les carnations. Les autres couleurs ſont ordinairement aſſez bonnes pourvû qu'elles ſoient bien broyées.

CHAPITRE XXIII.

Des choſes neceſſaires pour travailler en la Peinture à huile & premierement des Pinceaux & du Pincelier.

IL eſt toûjours fort à propos de rechercher avec ſoin tout ce qui contribuë à donner de la facilité dans l'execution. Les ignorans ont bien de la peine à faire quelque choſe d'un peu raiſonnable avec de bons outils, quel ſera donc leur ouvrage s'ils ne ſe ſervent que de méchans ? Ce qui ſoulage le plus ceux qui commencent à peindre ſont les bons Pinceaux, & pour n'y eſtre point trompé quand on les achete, il faut les prendre bien garnis de poil, fermes & faiſant bien la pointe : on connoiſt s'ils ſont fermes en paſſant le doigt par deſſus, & ceux qui reſiſtent davantage ſont les meilleurs. Les Broſſes doivent avoir la même qualité que les Pinceaux, à la reſerve de la pointe qu'ils ne doivent faire que peu ou point du tout.

Pour conſerver les Pinceaux dont on ſe ſert actuellement, il faut avoir le ſoin de les nettoyer tous les jours aprés que l'ouvrage eſt fini, cela ſe fait par le moyen d'un Pincelier, qui eſt un vaiſſeau de fer blanc fait exprés, de la longueur d'environ cinq pouces, large de trois & profond de deux, au milieu duquel il y a une bande en travers ſeparant la longueur en deux parties égales, cette bande eſt ſur ſon taillant ſur lequel on fait paſſer le Pinceau pluſieurs fois, en le trempant chaque fois dans l'huile, & appuyant le doigt deſſus. Cette huile doit eſtre dans le Pincelier & avoir une communication libre par deſſous la bande du milieu, laquelle par conſequent ne doit pas aller juſqu'au fond. Et pour une plus grande propreté il faut qu'il y ait une ſeparation où l'on puiſſe mettre de l'huile nette pour en paſſer les Pinceaux que l'on veut tenir encore plus propres. Comme il eſt à craindre qu'en nettoyant les Pinceaux, le Pincelier ne vacille & ne vienne à nous, à cauſe de ſa legereté, il eſt bon de recommander à l'ouvrier d'y mettre par deſſous une lame de plomb. Ceux qui auront de grands Ouvrages à faire ne s'arrêteront pas aux meſures que l'on en donne ici, & le feront faire ſi grand qu'il leur plaira & qu'il leur conviendra. Voici la forme du Pincelier.

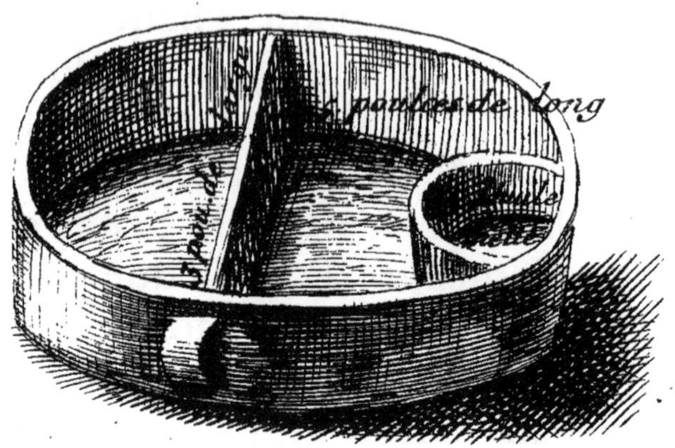

Lorſque les Pinceaux ſont net-toyez, il faut pour eſtre propre les eſſuyer avec un petit linge qu'on doit avoir exprés pour cela & pour eſſuyer ſa Palette quand il en eſt neceſſaire, & en cet eſtat les Pinceaux ſeront preſts de ſervir le lendemain ; que ſi l'on ne s'en ſervoit pas le lendemain, il faudroit les tremper dans l'huile, puis les mettre en quelque endroit où ils ſoient de maniere que l'huile ne puiſſe couler le long de l'Ante du Pinceau.

CHAPITRE XXIV.

Des Antes de Pinceau.

IL faut que les Antes de Pinceau soient d'un bois poli & leger, & je ne ſay pas de bois plus propre à en faire que le fuſin ; la baleine eſt encore fort bonne : l'Ebene & le bois de la Chine ſe nettoyent fort bien à la verité, mais ils ſont trop peſans. Leur longueur doit eſtre d'environ un pied, parce que pour peindre de bonne grace il faut tenir ſon peinceau fort long, & c'eſt à quoy ceux qui commencent à peindre doivent prendre le ſoin de s'accoûtumer. Les Antes de Pinceau pour eſtre bien faites doivent eſtre plus groſſes dans le milieu, qu'aux deux bouts, cela fait qu'elles en ſont plus fermes & qu'étant dans la main par un bout, ainſi qu'on a accoutumé de les tenir, elles s'écartent par l'autre, & empêchent les Pinceaux de se toucher & de se gâter l'un l'autre.

CHAPITRE XXV.

De la Palette.

L'On trouve ordinairement des Palettes toutes faites. Pour les bien choisir il est bon de savoir, qu'elles doivent estre plus épaisses du costé du pouce que sur la queuë, parce qu'elles en sont plus legeres à la main & moins incommodes; que le bois n'en doit point estre poreux, mais fort uni & fort plein. Le trou où l'on passe le pouce doit estre grand à proportion de la grandeur des Palettes: une grande Palette qui a un petit trou incommode fort le pouce par sa pesanteur; & une petite palette qui a un grand trou n'en est pas si ferme à la main. Le trou doit estre à un grand pouce du bord. La forme la plus propre & la plus commode pour une Palette eſt l'ovale un peu longue; il y en a de quarrées en long, cela dépend de la fantaiſie de ceux qui s'en ſervent. Voilà comme elles ſont faites l'une & l'autre.

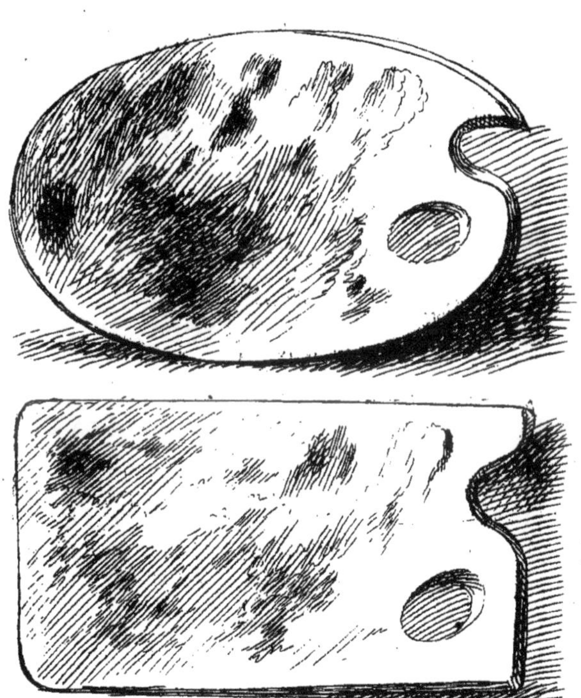

Afin que ces Palettes ſoient en état de ſervir, il faut qu'elles ayent eſté imbibées d'huile de noix ou autre qui ſoit ſecative 3. ſemaines ou un mois auparavant, parce qu'autrement la couleur entreroit dedans & feroit des taches.

L'experience fait aſſez voir que la propreté eſt fort neceſſaire dans la Peinture à huile ; & pour entretenir cette propreté il faut avoir ſoin de nettoyer ſa Palette tous les jours que l'on travaille. Pour la bien nettoyer il faut commencer par lever les couleurs qui reſtent, leſquelles peuvent ſervir une autre fois. Si l'on a occaſion d'employer ces couleurs là dés le lendemain, il n'y a qu'à les remettre ſur une autre Palette ; ſi l'on ne doit pas s'en ſervir le lendemain, il faut mettre les couleurs les plus ſecatives dans de l'eau. comme le blanc, la terre d'ombre & le maſſicot ; les autres peuvent reſter cinq ou ſix jours ſur la palette ſans ſecher : le noir d'os & la groſſe laque qui ne ſechent jamais pourroient y demeurer eternellement. Quand on veut mettre des reſtes de couleurs dans l'eau l'on peut ſe ſervir commodément d'un morceau de verre ſur lequel on les met & duquel on les retire facilement avec le coûteau.

Aprés que ces couleurs ſont levées & miſes à part, l'on oſte le plus que l'on peut tous les reſtes inutiles, on les jette, puis avec un petit linge on eſſuye la Palette, & pour derniere façon l'on met de l'huile nette deſſus avec le doigt par cy par là, que l'on étend avec le même doigt en frottant un peu: & enfin avec un petit linge on eſſuye exactement la Palette en ſorte que le linge n'en raporte plus rien.

CHAPITRE XXVI.

Des Toiles & Fonds ſur leſquels on peint.

L'On peint à Huile ſur toutes ſortes de choſes, pourvû qu'elles ſoient préparées, neanmoins les Fonds dont on ſe ſert plus ordinairement ſont, le bois, la toile & le cuivre; & la preparation qu'on y fait, eſt, de les rendre unis, en y mettant une ou pluſieurs couches de quelque Couleur qui ait du corps, & qui puiſſe boucher les pores du bois ou de la toile : mais ſans ſe donner tant de peine, on trouve de ces ſortes de choſes toutes preparées, ou pour parler dans les termes, toutes imprimées.

Ceux qui commencent feront

bien de se servir de Fonds imprimez à Huile d'une demie-teinte douce, c'est-à-dire entre le Clair & l'Obscur, parce que les Couleurs que l'on y met en peignant font d'abord leur effet: mais quand on sera plus avancé, il sera bon de s'accoûtumer aux toiles d'une couleur plus claire, & tirant sur le gris, parce que les couleurs s'y conservent plus fraîches.

Les Fonds de bois s'impriment ordinairement à Détrempe: mais il faut avoir beaucoup de pratique, & savoir bien ce que l'on fait, pour s'en servir; car les Couleurs ne paroissent pas telles sur les Fonds blancs qu'elles sont sur la Palette, & la couleur qui s'emboit si-tost qu'on la couche, fait de la peine à peindre, à ceux qui commencent.

Il faut donc laisser cette pratique aux plus habiles, qui non seulement se peuvent servir de Fonds de bois quand ils veulent peindre sur

ſur le blanc, mais auſſi de toiles qui ſont imprimées de cette couleur, ou à Huile, ou à Détrempe: & ſi c'eſt à Détrempe, il faut que la toile ſoit fine, & l'impreſſion tres-legere, à la Maniere du Titien & de Paul Veroneſe. Mais ſi le blanc paroiſt trop incommode, il eſt libre de faire faire à Détrempe une impreſſion ſur toile ou bois de quelle couleur l'on veut, & je ne trouverois pas hors de propos d'éteindre le grand éclat du blanc dans les impreſſions.

Pour ce qui eſt des Fonds de cuivre, il n'y a pas d'autre préparation à faire, que de couper une gouſſe d'ail en deux, & d'en frotter le coſté de cuivre ſur lequel on veut peindre, à moins qu'on ne voulût une autre couleur pour Fond, que celle du même cuivre.

Ceux qui n'ayant pas de ces Fonds préparez, ont envie néanmoins de peindre ſur le champ, comme il peut arriver à l'improviste, n'ont qu'à prendre une feüille de papier, la frotter d'Huile, & peindre dessus à l'instant même, & ils s'en trouveront tres-bien.

CHAPITRE XXVII.

Du Chevalet.

Quoique la grandeur du Chevalet doive estre proportionnée à celle du Tableau, neanmoins il faut prendre garde qu'il soit assez grand pour estre ferme, & qu'il ne le soit pas trop pour embarasser. Quand il est trop petit, on n'a pas la liberté en travaillant d'appuyer le pied dessus, qu'il ne recule, ni de manier librement une Brosse en peignant, qu'il ne vacille ; & de plus la toile venant à déborder excessivement, eſt ſans ceſſe agitée par l'Apui-main ou par le Pinceau. La grandeur de la queuë contribuë à le rendre plus ſolide,

Le bois le plus propre à le faire eſt le noyer : on ſe peut neanmoins ſervir d'autre bois, pourvû que les deux Branches ne ſoient pas de ſapin, ni d'autre bois blanc, à cauſe que les trous ne s'y pouvant faire bien uniment, les Chevilles n'y peuvent couler qu'avec beaucoup de peine, & n'y ſont jamais droites. Le Chevalet doit avoir un Doſſier aſſez haut pour y appuyer de petits Tableaux, quand on en veut faire.

Voici les meſures que je voudrois lui donner.

Les Branches auront cinq pieds & demi de haut.

Elles ſeront écartées par le bas de deux pieds dix pouces y compris la largeur des Branches mêmes : & par le haut d'onze pouces.

Le dessus de la Barre d'en bas doit estre à dix pouces de terre.

Le Dossier doit estre à deux pieds deux pouces de terre, & doit avoir seize pouces de hauteur.

La Queuë doit avoir son centre & estre attachée à demi-pied plus bas que la hauteur du Chevalet, & aura cinq pieds & demi de long, comme les Branches.

La Barre que l'on met sur les Chevilles & sur laquelle pose le Tableau aura trois pieds de long, deux pouces de large & sera rebordée tout du long, de costé & d'autre, pour empêcher que le Tableau ne coule ni les autres choses qu'on veut mettre dessus.

Les Branches & la Queuë auront neuf lignes d'épesseur, & prés de deux pouces & demi de large.

LE CHEVALET

11. poulces
Les Cheuilles
9 poulces
3. pieds de long
la Barre
demy
2. pou.
Cinq pieds et demy
Cinq pieds et 2 poulces
10 poulces
2 pieds
2 pieds 10 poulces
poulces
pieds

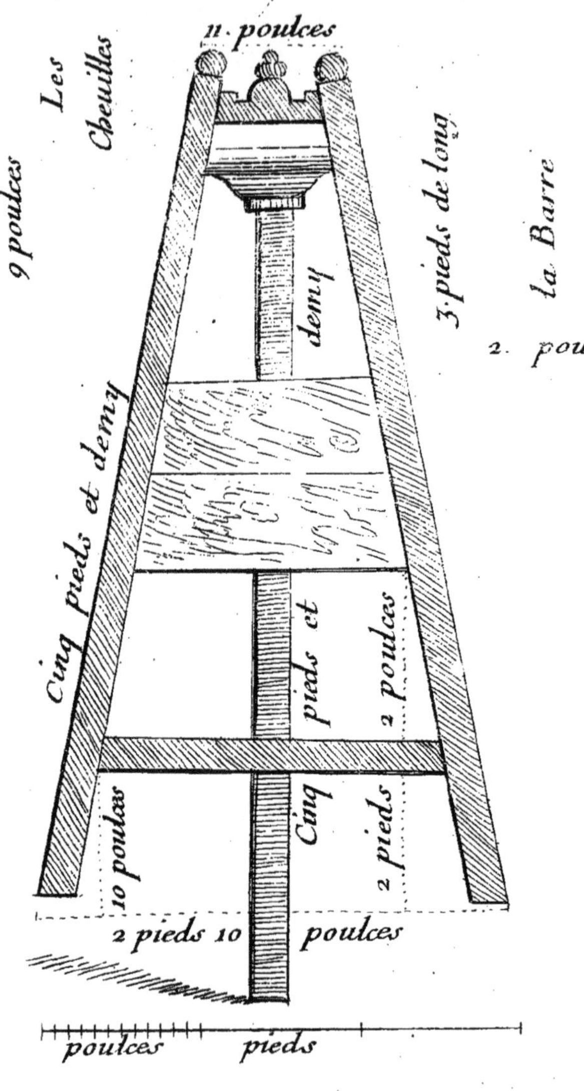

CHAPITRE XXVIII.

De la Pratique d'employer les Couleurs, & de ce qu'on appelle peindre.

LEs Couleurs à huile ont cela pardessus les autres, que les Teintes s'en peuvent mêler facilement par le manîment du Pinceau: mais il est à craindre aussi qu'à force de les tourmenter on n'en fasse perdre la fraîcheur sur tout dans les Carnations, & qu'elles ne deviennent sales & terrestres.

Pour obvier à cela, il y a deux choses à faire; la premiere est de s'accoûtumer à peindre & à mêler ses Couleurs avec promptitude & legereté de Pinceau, en sorte que, s'il y avoit moyen, l'on ne passât point deux fois sur le même endroit, & la seconde est, qu'aprés avoir ainsi meslé legerement ses Couleurs ensemble on prenne le soin de retoucher par dessus avec des Couleurs vierges & fraîches lesquelles conviennent aux endroits où l'on les met, & soient de méme ton que celles qui auront esté déja peintes & mélées par dessous. Pour aprendre à peindre de cette sorte je ne say rien de meilleur que de copier d'aprés le Correge & Vandeix pour la legereté de pinceau, & d'aprés Paul Veronese & Rubens pour les Teintes vierges.

CHAPITRE XXIX.

De la bonne grace en peignant sur le Chevalet.

POur peindre de bonne grace il faut tenir son pinceau, le plus long que l'on peut, & estre droit sur son siége (sans contrainte pourtant) & dans une diſtance raiſonnable de ſon ouvrage. Cela fait que ce que l'on peint eſt plus libre; au lieu que rien n'oſte davantage cette bonne grace, que d'avoir le nez, comme on dit, dans ſon Ouvrage, & de tenir ſon Pinceau court.

CHAPITRE XXX.

De la Pierre à broyer.

QUOIQUE l'on vende des Couleurs communes toutes broyées, cependant on ne laiſſe pas d'avoir affaire d'une Pierre pour broyer certaines Couleurs fines, à meſure que l'on en a beſoin; comme ſeroit la Laque de Veniſe, le Stil-de-grains de Hollande, la Terre-verte de Verone, le Jaune de Naples, le Maſſicot, quand il eſt trop gros, &c.

Il n'y a que trois ſortes de Pierres ſur leſquelles on puiſſe broyer raiſonnablement, l'Ecaille de mer, le Porfire & le Serpentin : les deux dernieres ſont les plus dures & quelques-uns diſent qu'à cauſe de cela elles ſont les meilleures ; d'autres au contraire ſoutiennent que la pierre d'Ecaille broye beaucoup mieux ; car outre, diſent-ils, qu'elle eſt tres-dure, elle a un grain propre à bien écraſer la Couleur & à la rendre plus fine & plus égale. Il en faut du moins avoir une petite pour la neceſſité.

CHAPITRE XXXI.

De la Peinture à Freſque.

COmme il n'y a que 200 ans que l'on a trouvé la Peinture à huile, il n'a pas eſté bien difficile d'en découvrir l'Auteur, mais y ayant plus de 2000 ans que la Freſque a eſté miſe en uſage, on n'en ſait point l'origine ny le temps qu'elle a commencé. Il eſt certain cependant qu'elle eſt tres-ancienne, puis que non ſeulement on en voit de beaux morceaux antiques dans Rome, & que l'on en découvre tous les jours en des lieux ſouterrains: mais encore qu'on la pratiquoit dans les premiers temps de la Republique; & j'ay vû à 4 lieuës de Rome ſur le Mont Cavi, où les premiers Romains alloient faire leurs Sacrifices à Jupiter durant 15 jours, pluſieurs ornemens peints à Freſque ſur la voute d'une eſpece de Ciſterne qu'un Hermite, qui s'étoit mis depuis peu en poſſeſſion de ce lieu, avoit trouvé en foüillant la terre.

Cette Peinture ſe travaille ſur une muraille fraîchement enduite de mortier de chaux & ſable, les Couleurs en ſont detrempées avec de l'eau, & il n'y a que les Terres & les Couleurs qui ont paſſé par le feu qui puiſſent y eſtre employées. Voilà ce qui fait la difference de cette ſorte de peinture d'avec les autres. Elle a cet avantage qu'elle dure plus long-temps que celle qui eſt à huile en quelque endroit qu'elle ſoit expoſée : mais elle a ce deffaut que ne pouvant ſouffrir toutes ſortes de couleurs, elle eſt moins capable d'une parfaite imitation. Les Clairs en ſont plus clairs que ceux de la Peinture à huile, mais les Bruns n'en ſont pas ſi vigoureux ny ſi ſuaves. Sa durée fait qu'on l'employe plus volontiers dans les lieux Publics, & dans ceux qui ſont expoſez aux injures du temps ; & la promptitude avec laquelle elle veut eſtre travaillée, demande une main legere, conduite par une teſte ſavante & pleine de ce beau feu qui eſt propre à la Peinture.

CHAPITRE XXXII.

Preparations particulieres à la Peinture à Freſque avant que de Peindre.

TRois choſes ſont neceſſaires à la Peinture à Freſque avant que de Peindre.

L'Equiſſe,

Les Cartons,

Et l'enduit du mur.

L'Equiſſe eſt un petit Tableau qui contient en racourci dans toutes les parties de la Peinture, tout ce que l'on peut peindre en grand. C'eſt proprement le guide de l'Ouvrier & le modele de l'Ouvrage. Le Peintre y doit mettre non ſeulement tout ſon feu pour l'Invention, pour la Diſpoſition & pour le Clair-obſcur; mais encore y arreſter toutes les couleurs tant pour les objets en particulier, que pour l'union & l'harmonie du tout enſemble.

Les Cartons ſe font de pluſieurs feüilles de gros papier attachées les unes aux autres, pour y deſſiner l'ouvrage que l'on veut peindre chaque jour, de la grandeur preciſément qu'il doit eſtre. De ſorte que pour faire un Ouvrage à Freſque un peu grand, il faut par neceſſité faire pluſieurs Cartons. Voicy la maniere avec laquelle on s'en ſert.

Le Carton correctement dessiné se met dessus l'enduit que l'on a dû faire preparer, on l'attache avec des clous longs aux endroits que l'on juge à propos, afin qu'il tienne suffisamment pour être calqué : Puis on passe une Ante de pinceau sur les contours, en appuyant de maniere que ces mêmes contours soient marquez dessous & entrent un peu dans l'enduit qui est tout frais : mais il est bon avant que de se servir de son Carton de cette sorte, de marquer dessus avec du blanc & du noir les masses de Clair-obscur, & l'attacher sur le lieu même avant que l'enduit y soit, pour juger d'en bas s'il fait l'effet qu'on en doit attendre : il suffira néanmoins d'en user ainsi pour le premier Carton, & seulement pour ne se point tromper dans le reste de l'ouvrage ; car le petit Tableau doit conduire pour tout le reste. Cependant chacun en peut user en cela comme il luy plaira pour se satisfaire.

L'Enduit du mur ſur lequel on doit peindre ſe fait de mortier de chaux vieille éteinte & de ſablon de riviere. Le ſablon doit eſtre paſſé fort menu, & la chaux pareillement, afin qu'elle ſoit ſans pierre & ſans ordure.

Lorſque le Maçon a bien humecté ſon mur & mis ſon enduit deſſus le plus uniment qu'il luy eſt poſſible avec la truelle, il doit enſuite ſe ſervir d'un frotoir fait de bois de cette maniere pour rendre l'enduit égal & pour en oſter le luiſant & le trop grand uni, lequel empêche les Couleurs de penetrer & de faire corps.

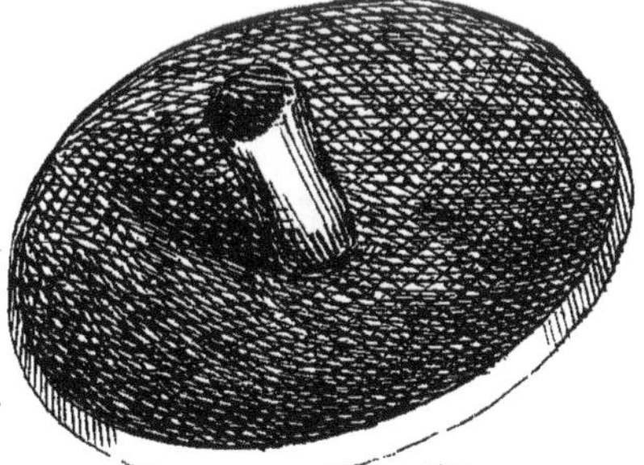

Il eſt à remarquer que ſi le Peintre n'employe pas dans la journée tout ce qu'il a fait preparer par le Maçon, il feroit necessaire de jetter à bas tout ce qui reste d'enduit. Quelques-uns se contentent pour le conserver de le mouiller le soir en jettant de l'eau dessus, ou en repassant de l'eau avec la brosse.

Afin que la Fresque resiste aux injures du temps il faut deux choses. Que le mur soit fait de bons materiaux, & qu'en peignant on ait soin de bien empâter & de n'épargner point la couleur. Les materiaux les plus propres sont la Pierre de moliere & la Brique l'un ou l'autre employez avec de bon mortier de chaux & sable.

Tous les temps sont bons pour peindre à Fresque, hors celui où la gelée est à craindre.

CHAPITRE XXXIII.

Des Pinceaux & de la Palette propres à peindre à Fresque.

LEs bons Pinceaux pour la Fresque doivent estre longs de poil, faits en pointe, & que ce poil en soit de cochon, à moins que ce ne soit pour de petits ouvrages. Quand il arrive que l'ouvrage est un Platfond & que l'on est contraint de tenir la pointe du Pinceau en haut, il faut passer dans l'Ante du Pinceau une espece de petit entonnoir de fer blanc, dans lequel on met une éponge pour recevoir l'eau qui coule le long de l'Ante, & pour empêcher qu'elle n'arrive pas jusqu'à la main, ou qui pis est qu'elle ne coule pas le long du bras.

La Palette doit estre fort grande, elle peut estre de bois comme à huile, mais elle sera plus commode de fer blanc, à moins qu'on ne voulust se servir d'un plat de Fayence, qui, selon les choses que l'on a à faire, peut estre fort commode.

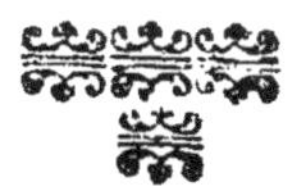

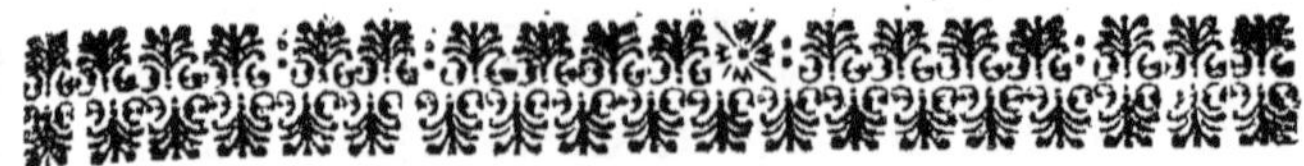

CHAPITRE XXXIV.

Des Couleurs à Fresque & de la maniére de les employer.

LEs Couleurs composées & artificielles ne peuvent estre employées à Fresque, comme la Laque, le Vermillon, le Stil-de-grain, le Massicot &c. Toutes les Terres sont excellentes, excepté la terre d'ombre qui s'écaille si elle n'a point esté brûlée. Pour le Blanc on se sert de chaux bien choisie & bien passée.

Le Rouge d'Angleterre sert de Laque, & plus l'enduit est frais lors qu'on employe cette couleur, plus elle est belle.

L'Email veut pareillement estre employé pendant que l'enduit est le plus frais : & si c'est pour des draperies il est bon d'y mêler d'abord du Noir, & d'employer l'Email pur par dessus en finissant.

Pour le Noir on ſe ſert de Terre de Cologne ou de Noir de charbon ſelon les occaſions.

Il eſt à remarquer que toutes les Couleurs ſe faiſant plus claires à meſure qu'elles viennent à ſécher, il eſt neceſſaire de faire ſur une tuile des eſſais des Teintes que l'on veut employer pour en voir preciſément l'effet. Car il y a des Couleurs qui changent beaucoup de cette maniere, & d'autres qui changent peu.

Le Brun-rouge & la Terre jaune ne changent pas beaucoup en ſéchant, & doivent eſtre plus maniées & plus peintes à cauſe de leur extreme crudité.

La terre-verte s'éclaircit extrémement, & il faut obſerver ſi l'on en veut peindre des Draperies ou du Païſage, de coucher le fond d'une autre couleur qui ſeroit, par exemple, de la Terre d'ombre brûlée ou du jaune mêlé de noir.

Si les Couleurs à Freſque n'ont pas la même force qu'à huile, elles ont du moins cet avantage qu'elles ſe peignent plus facilement, & qu'on peut les employer les unes ſur les autres , quoique tres-differentes , quand on le juge à propos : ainſi l'on finit autant que l'on veut & l'on eſt dans l'obligation de le faire autant qu'on le peut, n'y ayant plus de moyen de retoucher ſon Ouvrage quand il eſt ſec, & ſur tout quand il eſt exposé aux injures du temps: car pour celuy qui eſt à couvert, on en peut retoucher les Bruns avec du jus de figuier, & les Clairs avec du paſtel : mais le meilleur eſt de peindre comme ſi l'on eſtoit privé de ce ſecours.

CHAPITRE XXXV.

De la Peinture à Détrempe.

IL y a apparence, que cette ſorte de Peinture a eſté trouvée la premiere ; puiſque toutes ſortes de

Couleurs s'y peuvent employer, & qu'il ne faut que de l'eau & un peu de gomme, pour les détremper.

Il eſt indifferent ſur quel Fond on l'employe, pourvû qu'il ne ſoit point gras, & que ce ne ſoit point ſur un enduit frais, où il y entre de la chaux, ainſi que dans la Freſque.

Si l'on travaille en grand, il faut ſe ſervir de colle fonduë, au lieu de gomme, dont il faudroit une trop grande quantité, & travailler fort promptement, à cauſe que la Couleur qui ſéche fort vîte ne permet pas d'attendre longtems pour la mêler avec une autre.

Cette ſorte de Peinture dure tres-longtems, pourvû qu'elle ſoit à couvert, & dans un lieu ſec.

On peut encore plus facilement qu'à la Freſque employer une Couleur ſur une autre ſans crainte de les mêler, & la facilité de peindre & de retoucher à ſec à la Détrempe fait que non ſeulement on peut finir beaucoup : mais encore que l'on quitte & que l'on reprend quand on veut.

L'on ſe ſert ordinairement de Coquilles pour mettre les Couleurs quand l'Ouvrage eſt petit, & de Godets quand il eſt grand ; les Eventails ſe font de cette maniere en petit, & les Décorations de Theatres en grand : ainſi les toiles, le bois préparé, les peaux, & le papier ſont les Fonds ordinaires dont on ſe ſert pour peindre à Détrempe.

Toutes ſortes de Couleurs ſont bonnes ſans exception pour cette Peinture, comme je l'ai déja dit, & toutes ſortes de Pinceaux dont on ſe ſert à Huile.

La Détrempe a cela de commun avec la Freſque que les Clairs en ſont tres-vifs, mais elle a de plus, que les Bruns en ſont plus forts. Les Italiens appellent cette ſorte de travail Guazzo, comme font la plûpart des Peintres François qui ont esté en Italie.

CHAPITRE XXXVI.

De la Peinture en Miniature.

CEtte Peinture est en tout semblable à la Détrempe, à la reserve qu'elle se finit à la pointe du Pinceau, & en pointillant seulement, & c'est pour cela qu'il n'y a point de sorte de Peinture où l'on puisse terminer davantage qu'en celle-cy, à cause de la facilité que les points donnent d'unir ensemble les différentes teintes & de les atendrir.

Il faut ébaucher toûjours d'une couleur plus claire, & comme en lavant, & finir en donnant toûjours plus de force : & la verité est qu'on en peut donner du moins autant qu'à la Peinture à huile quand on ſait bien ménager ſa couleur : celle qu'on apelle du Biſtre, laquelle ſe fait de ſuye évaporée eſt d'un merveilleux ſecours pour cela à qui s'en ſait ſervir à propos, & ſur tout quand on y mêle du Carmin, ce qui dépend des occaſions.

Les Pinceaux doivent eſtre fermes, pointus, & quand on les achéte il faut les eſſayer en les moüillant un peu & les paſſant ſur la main & voir s'ils font bien la pointe.

Les fonds ſont ordinairement de vélin ou de bois preparé : mais les meilleurs ſont de velin tendu ſur du bois ou ſur du cuivre : ce qui ſe fait en humectant & maniant un peu & proprement le vélin & en colant les extrémitez par derriére le fond ſur lequel on le veut tendre, & qui par conſequent doit eſtre moins long & moins large que le vélin.

Pour peindre avec plus de propreté il eſt bon d'areſter auparavant, & de deſſiner correctement ſur un papier fin de la grandeur de voſtre Tableau ce que l'on veut peindre, & de le calquer enſuite, afin que n'ayant rien à effacer pour le Deſſein, voſtre vélin en conſerve dautant plus ſa blancheur.

Voicy comme il faut faire pour calquer un Deſſein ſur le vélin. Il faut froter le derriére du deſſein par tout avec de la poudre de mine de plomb, & ſe ſervir pour cela d'un petit linge fin, & quand on aura bien ſecoüé ledit deſſein en ſorte qu'il n'y demeure rien de gros qui puiſſe gaſter le vélin, on aplique doucement ce deſſein deſſus, dont on replie les bords par derriére afin qu'il ne puiſſe vaciller: Et le tout eſtant ſur une table, on paſſe avec une pointe d'argent ou autre metail par deſſus tous les contours en apüiant tant ſoit peu, puis oſtant le papier le deſſein ſe trouve marqué nettement deſſus le vélin. Si en tout cas on y vouloit changer quelque choſe, cela ſe fait en effaçant avec un un peu de mie de pain & en retraçant avec une pointe d'argent.

Que si l'on vouloit changer quelque chose à l'ouvrage quand il y a des couleurs & qu'il est déja avancé, il faut passer avec le Pinceau de l'eau sur l'endroit seulement que l'on veut changer, & quand on lui a donné un peu de temps pour l'humecter, comme seroit la longueur de deux *Pater*, il faut ramasser petit à petit & à plusieurs fois cette eau avec la pointe du même Pinceau, dans lequel il n'y aura ni couleur ni eau, mais qui sera seulement humide, puis l'essuyer chaque fois dessus un papier net, & de cette maniére vous osterez la couleur ainsi que l'eau ; & il vous sera facile de faire ce qu'il vous plaira à la place de ce que vous aurez effacé.

La Miniature a cela de commun avec la Détrempe, qu'on la peut prendre & laisser quand on veut.

CHAPITRE XXXVII.

D'une Peinture mixte.

PAr le moyen de la ſeule Détrempe il eſt bien difficile de finir tendrement : en Miniature une perſonne qui a du feu ne peut pas ſe ſatisfaire en peignant librement : mais ſi vous mélez la façon libre de peindre à détrempe avec l'exactitude que donne le pointillement de la miniature, vous peindrez d'une maniére libre, finie, tendre & forte. Ceux qui ne s'accommodent pas de la ſujeſſion de la Peinture à l'huile, laquelle ne permet pas de quitter pour quelques heures l'ouvrage quand la Palette eſt une fois preparée, trouveront dans cette Peinture mixte de quoy ſe ſatisfaire.

On y peut travailler en grand &

en petit, & le Roy conserve dans son Cabinet de Peintures deux Tableaux du Correge d'une grandeur médiocre peints de cette façon.

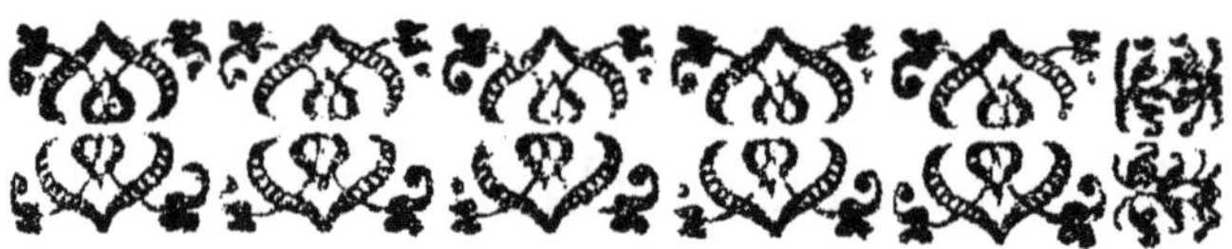

CHAPITRE XXXVIII.

De la Peinture au Pastel.

RIen n'est plus commode que cette sorte de Peinture : car outre qu'elle n'a point la sujession de l'huile, & qu'on la prend & laisse quand on veut & selon le temps qui reste à y employer, le travail en est encore plus commode, parceque l'on peut faire avec les differens crayons ce que l'on fait avec les Pinceaux, & le maniement des uns fait le même effet que celui des autres ; on touche & on adoucit selon qu'on veut faire paroître d'esprit dans son ouvrage ou qu'on le veut finir.

Le mot de Pastel qu'on a donné à cette peinture vient de ce que les Crayons dont on se sert au lieu de Pinceaux sont faits avec des pastes de differentes couleurs,& l'on donne à ces crayons, pendant que la paste est molle,la forme de petits rouleaux comodes à manier, ils doivent estre plus gros que ne sont ordinairement ceux de Sanguine, parceque n'étant pas si durs ils seroient plus sujets à se rompre, & qu'étant plus grands ils donnent plus de liberté & de facilité pour peindre.

Quoique l'on vende en plusieurs endroits de Paris des Crayons de Pastel, & qu'il soit bien plus expedient d'en acheter que de se donner la peine de les faire, néanmoins ceux qui voudront bien l'aprendre pour leur propre satisfaction doivent savoir,

Premiérement, Que les Pastels

ſe broyent ſur une pierre dure de même que les couleurs à huile, afin que la paſte eſtant plus fine elle s'attache davantage au papier ſur lequel on travaille.

2. Que les Crayons lorſqu'ils ſont ſecs ne doivent eſtre ni trop durs ni trop mous, mais d'une certaine conſiſtance qui faſſe marquer le Crayon ſans peine, parce qu'en le voulant apuyer fortement on ne manque point de le caſſer.

3. Que cette juſte conſiſtance dépend de la dureté & de la moleſſe de la couleur que vous voulez broyer. Si la matiére dont vous voulez faire du Paſtel eſt trop dure comme l'Inde, il faut le tempérer par quelqu'autre qui ſoit trés-molle & qui aproche de la couleur, comme d'émail mêlé de noir de charbon. Et cette exemple doit ſuffire pour vous regler ſur cet article. Si la matiére eſt trop molle, il faut y mêler d'une autre fort dure &

qui aproche pareillement de la couleur. Que si il n'y en avoit point telle qu'on pouroit la desirer, pour lors il faut se servir pour la broyer de laict ou d'eau gommée plus ou moins selon que la nature de la couleur le demande : ou bien y mêler en la broyant une pincée de plâtre cuit qui n'ait jamais servi ; mais le plâtre n'est bon que pour les couleurs claires.

4. Qu'il y a des Couleurs dont la matiére solide estant d'une consistance telle qu'on peut la desirer, n'ont pas besoin d'estre broyées, mais seulement siées & divisées en Crayons d'une grosseur convenable ; comme la grosse Laque ; l'Ocre jaune, le Stil-de-grain &c. la Sanguine & la Pierre noire y peuvent servir de cette maniére.

5. Qu'au lieu de Crayons, il y a des endroits où l'on peut se servir de poudres qui de leur nature s'attachent facilement au papier,

& l'on se sert pour les employer de la pointe d'un petit papier roulé qu'on appelle estompe.

6. Que la grande difficulté dans la composition des Pastels, est d'en faire de fort bruns, & sur tout d'un brun roux & qui tire sur le bistre, & qu'ainsi c'est à ceux-là principalement qu'il faut aporter plus de soin.

7. Qu'on peut se servir pour Blanc, de Craye de Champagne fine; & pour le Noir le meilleur est celui appellé vulgairement Noir d'Allemagne, dont les Imprimeurs en en Taille douce seservent.

Le fond sur lequel on peint en Pastel, est du papier dont la couleur la plus avantageuse est d'estre d'un gris un peu roux; & pour s'en servir plus commodément il faut le coller sur un ais fait exprés d'un bois leger,

L'usage que l'on peut tirer de cette sorte de travail est de faire une teste ; & les Peintres les plus habiles dans le coloris pourroient s'en servir s'ils vouloient pour faire quelque partie & pour se resouvenir seulement de quelques couleurs qu'ils reduiroient en suite dans leur perfection sur leur Tableau par le grand usage qu'ils ont de bien colorier. Car pour ceux dont la pratique dans le Coloris n'est pas excellente, rien n'est plus dangereux que le Pastel, lequel ne peut imiter ainsique fait la Peinture à huile la force & la vigueur du naturel, & c'est sans doute à cause de cette imperfection, qu'on dit indifferemment dessiner au Pastel & peindre au Pastel.

FIN.

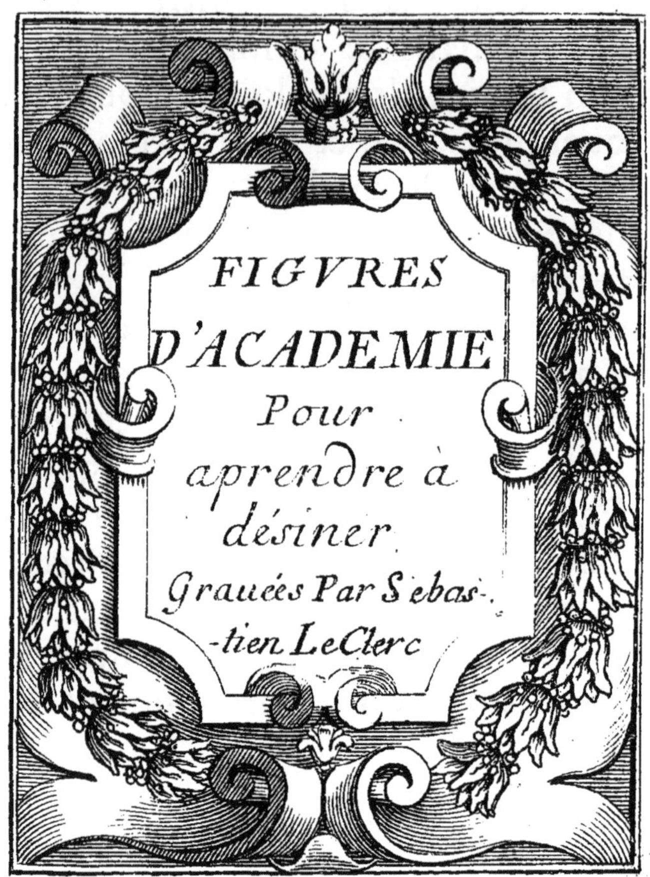

A Paris Chéz N. Langlois, rue S.t Jacques
à la Victoire. Auec priuilege du Roy.

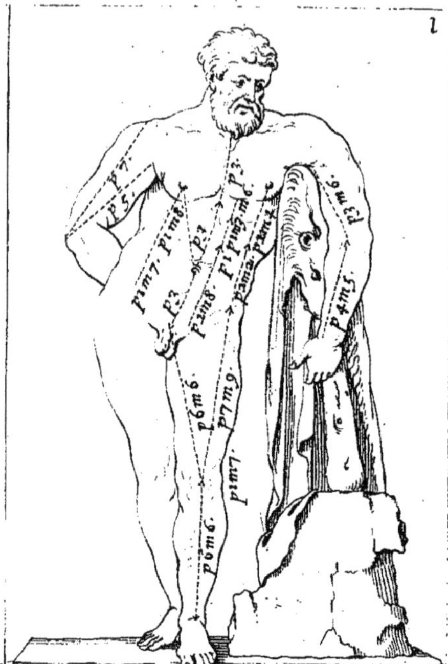

HERCVLE qui est au Palais Farneze à Rome, mesuré en hâteur par deuant.

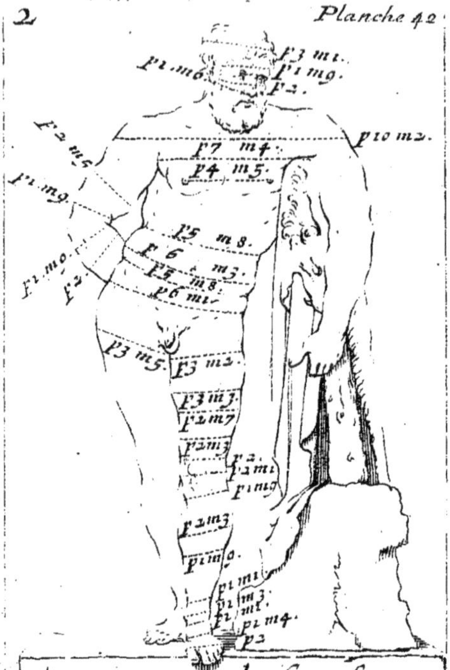

2 Planche 42

HERCVLE de farneſe, par deuant, meſure en largeur.

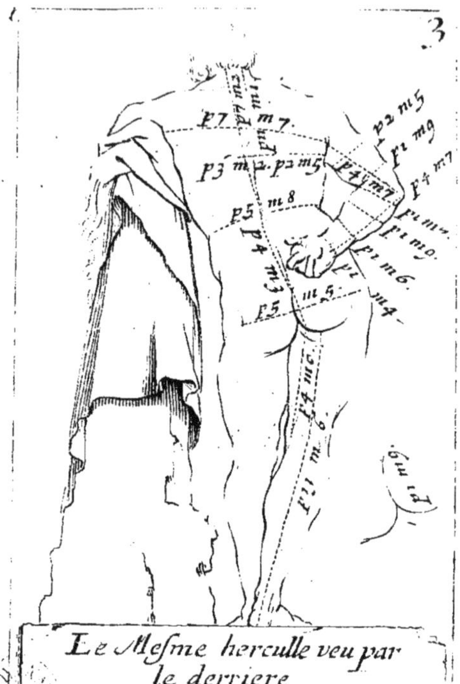

Le Mesme herculle veu par
le derriere
Mesure en hauteur et largeur.

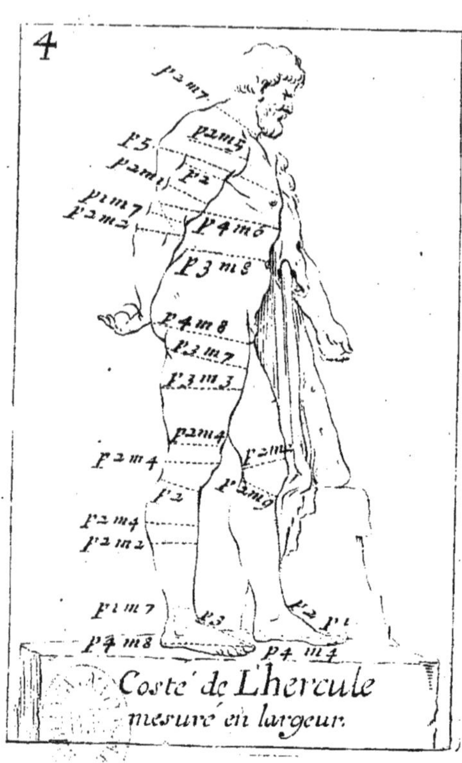

Costé de L'hercule
mesuré en largeur.

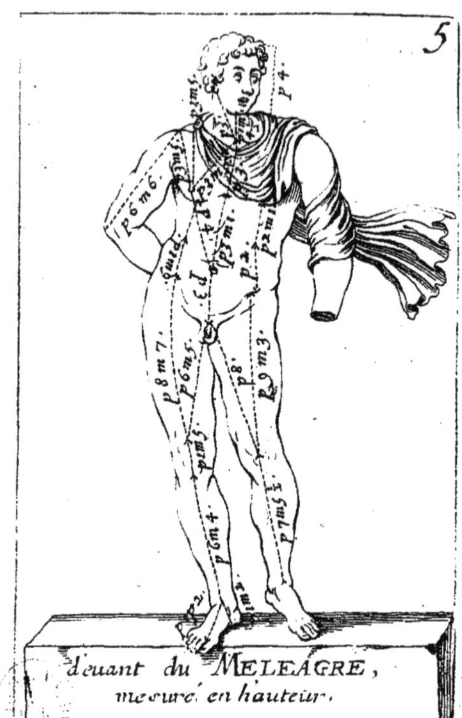

5

d'euant du MELEAGRE,
mesuré en hauteur.

6 Planche. 43

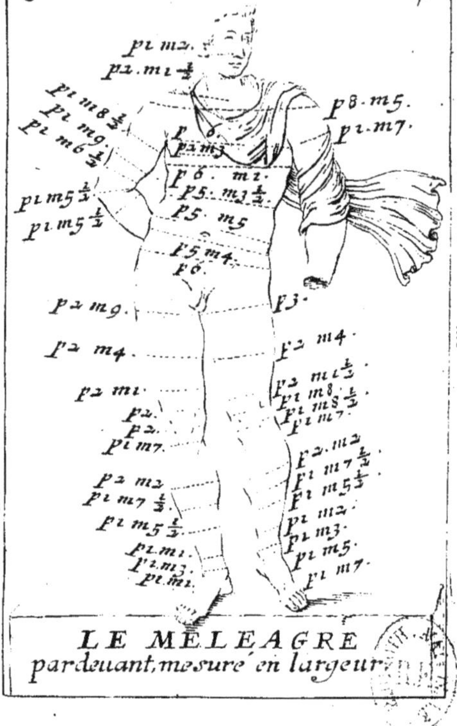

LE MELEAGRE
pardeuant, mesuré en largeur.

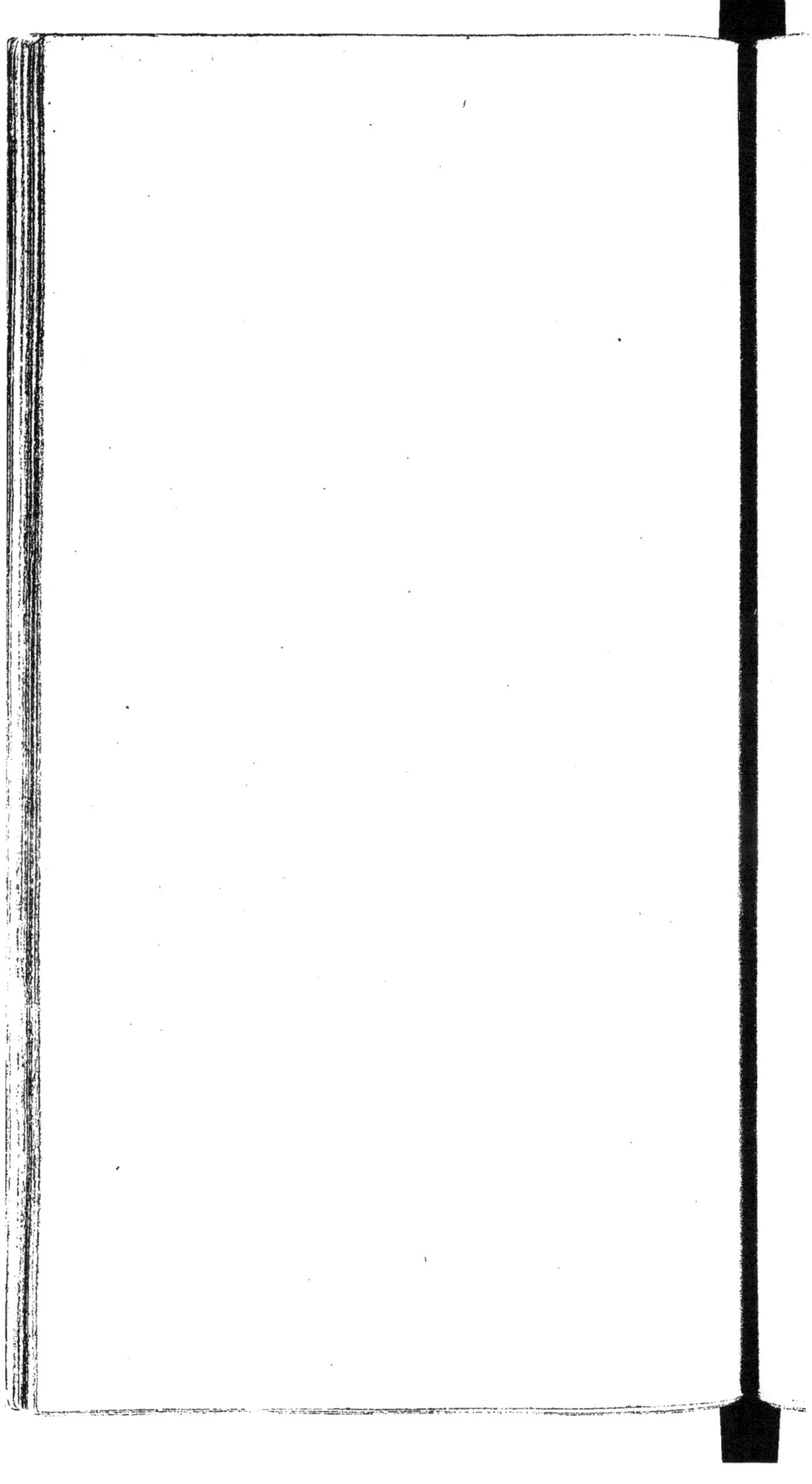

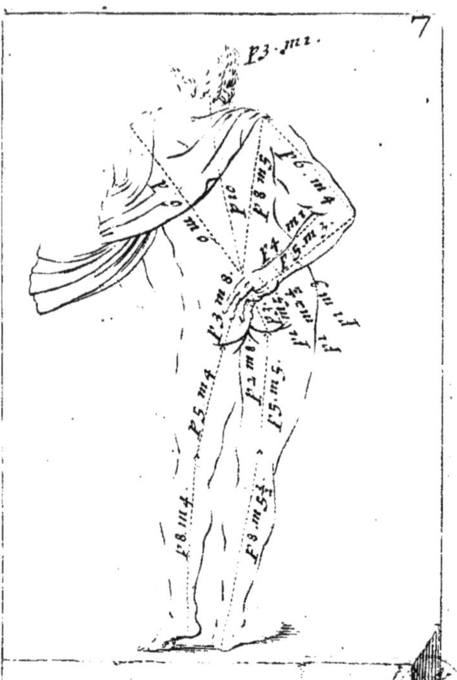

Le Mesme veu par le derriere
mesuré en hauteur et largeur.

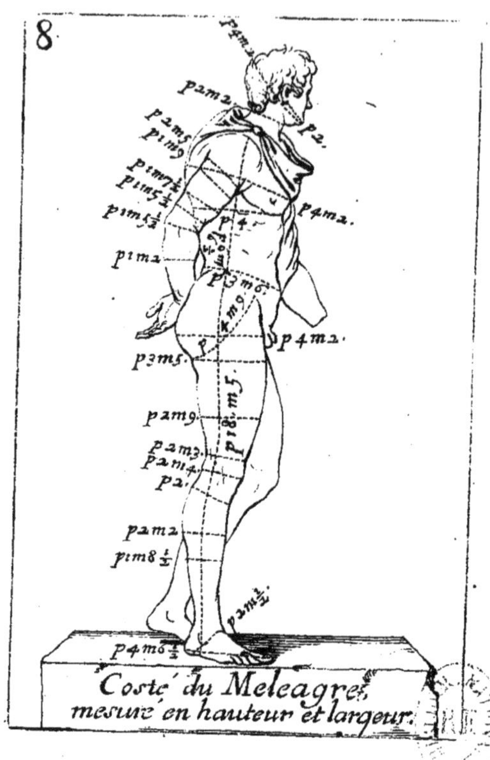

Costé du Meleagre,
mesuré en hauteur et largeur.

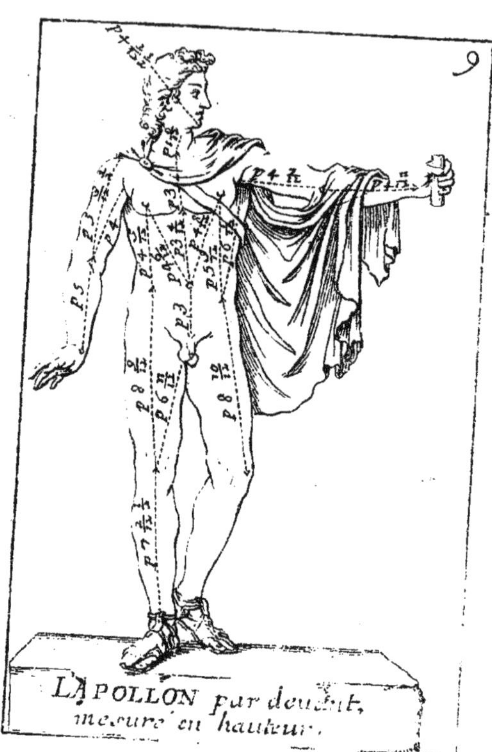

L'APOLLON par deuant, mesuré en hauteur.

Planche 44

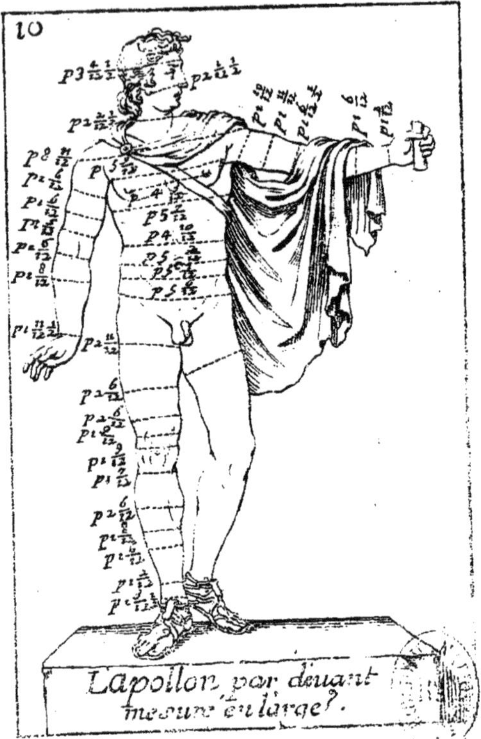

L'apollon par deuant mesuré en large.

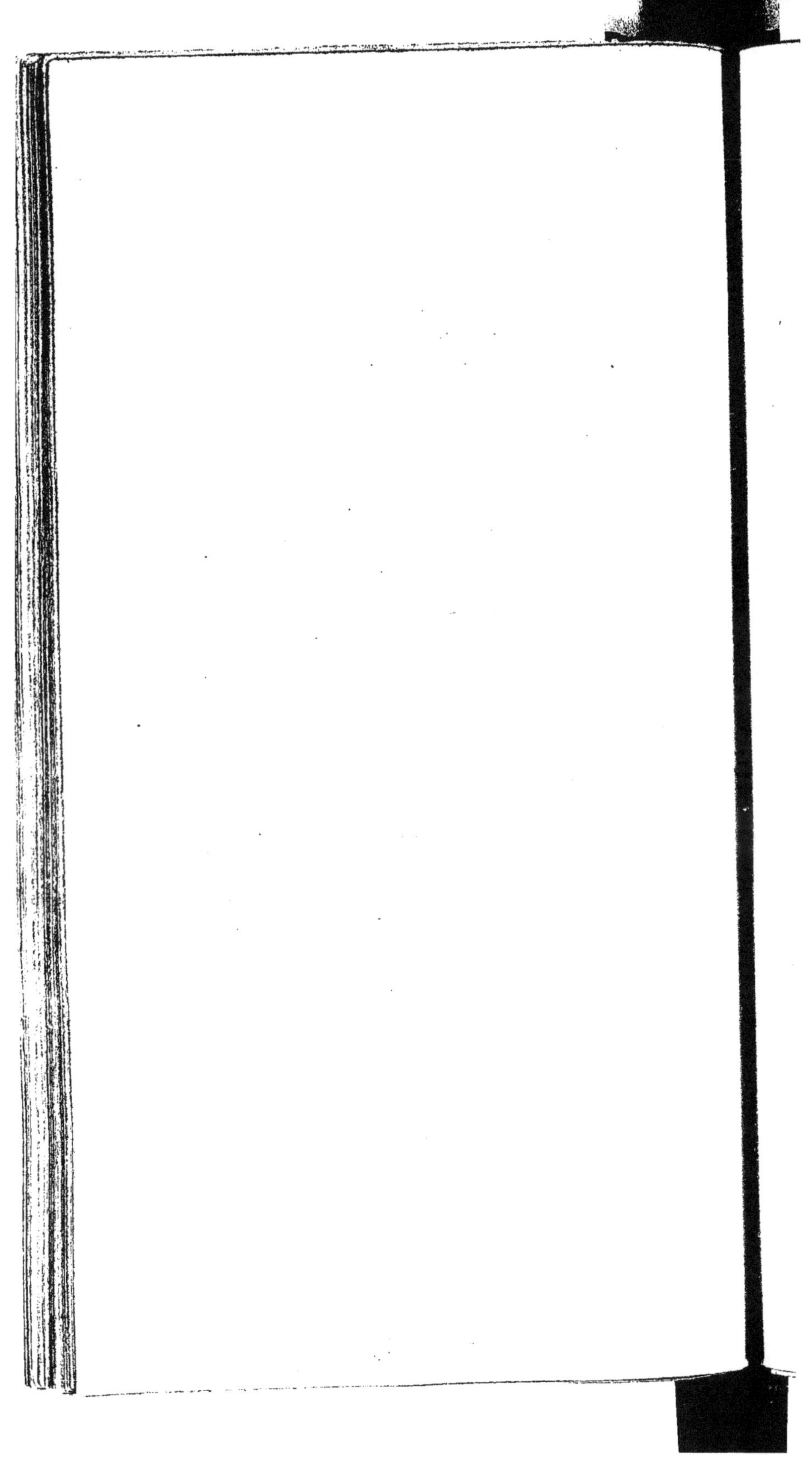

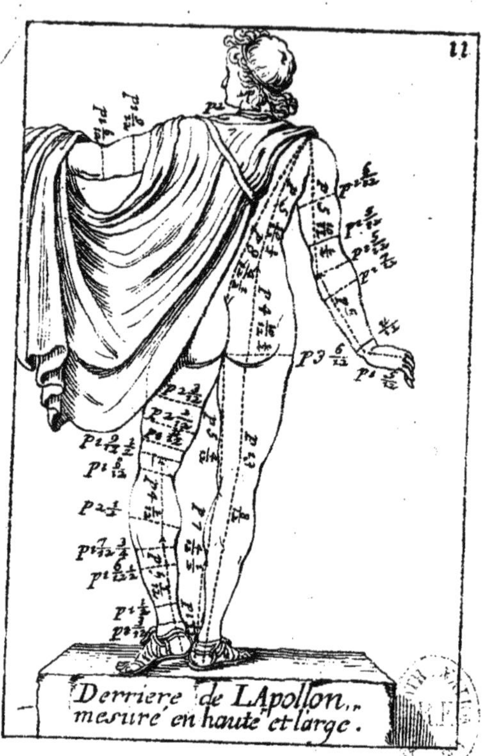

Derriere de LApollon,
mesuré en haute et large.

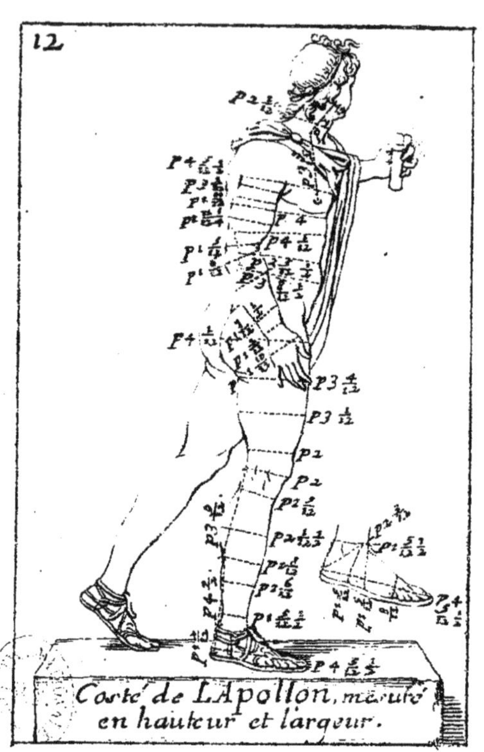

12

Coste de L'Apollon, mesuré en hauteur et largeur.

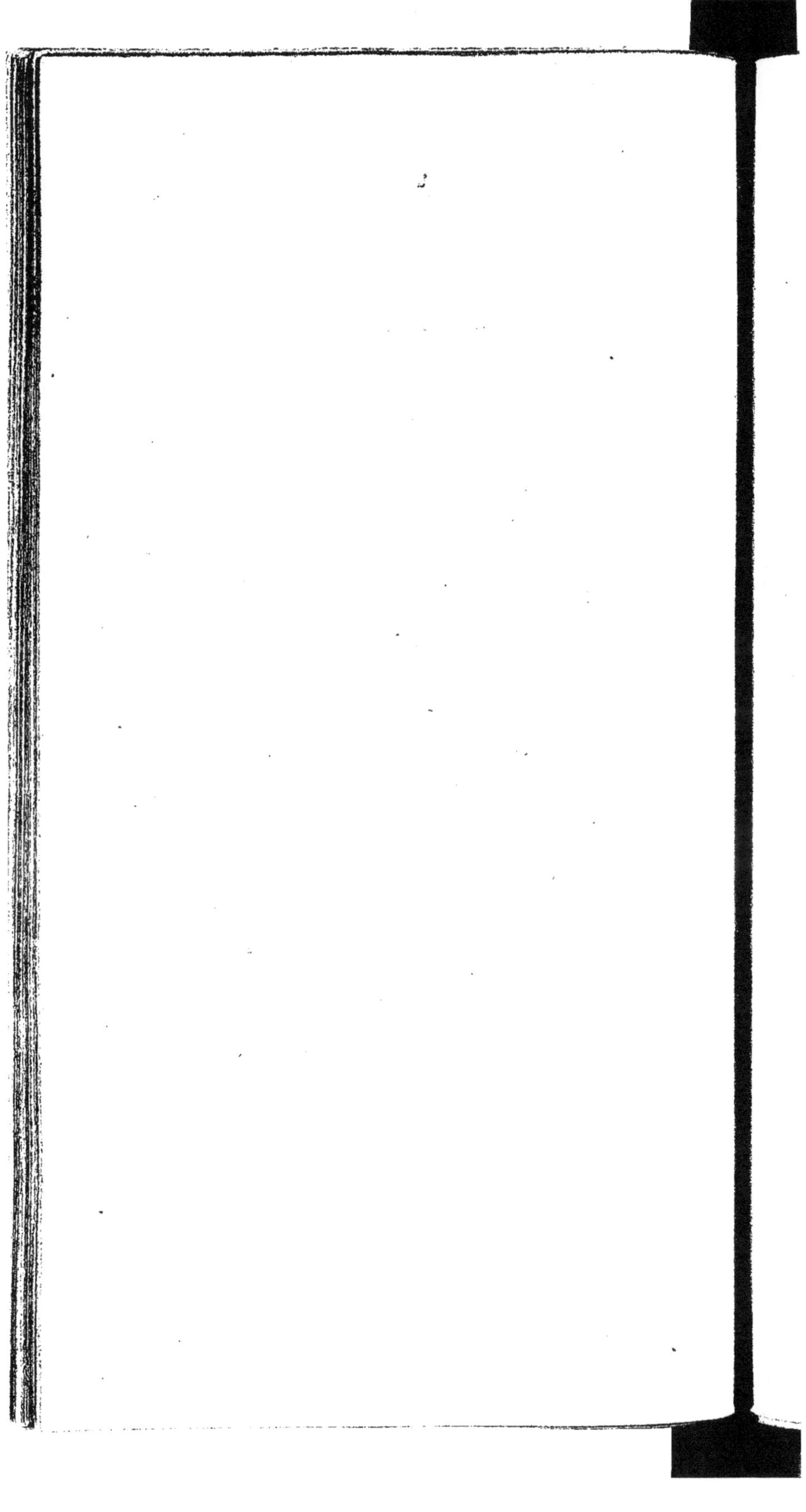

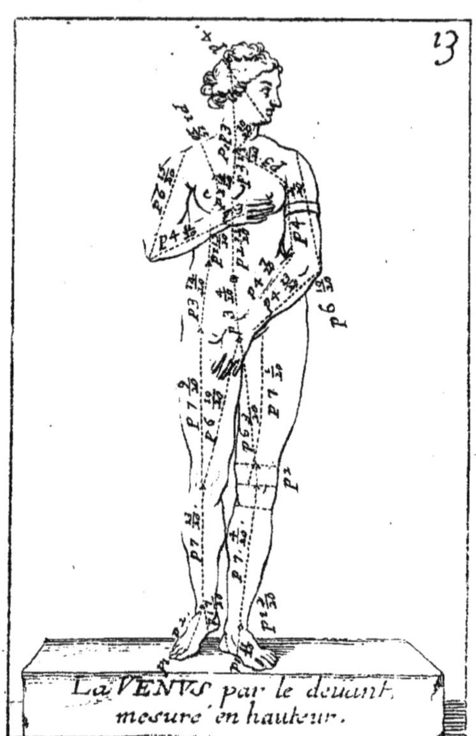

La VENVS par le deuant, mesuré en hauteur.

Planche 45

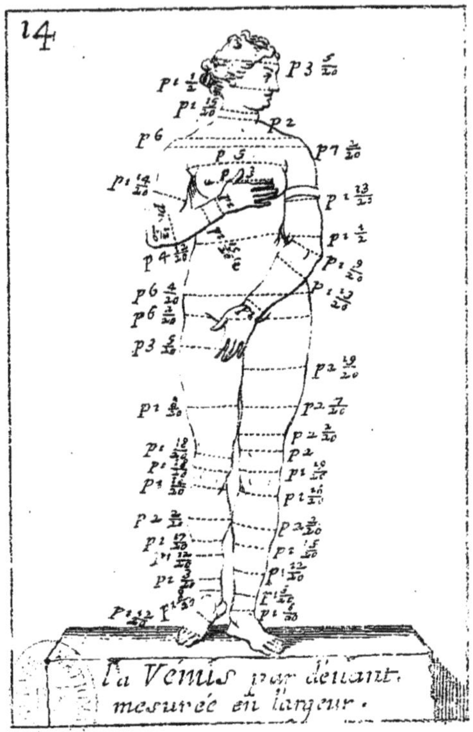

la Venus par devant. mesurée en largeur.

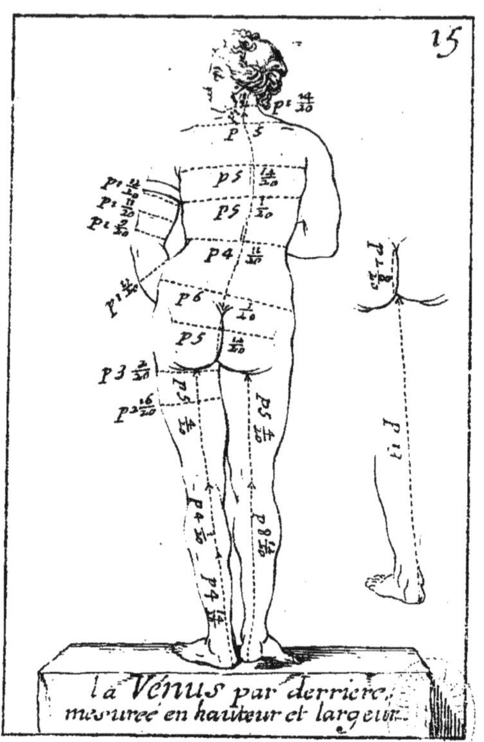

la Vénus par derriere, mesurée en hauteur et largeur.

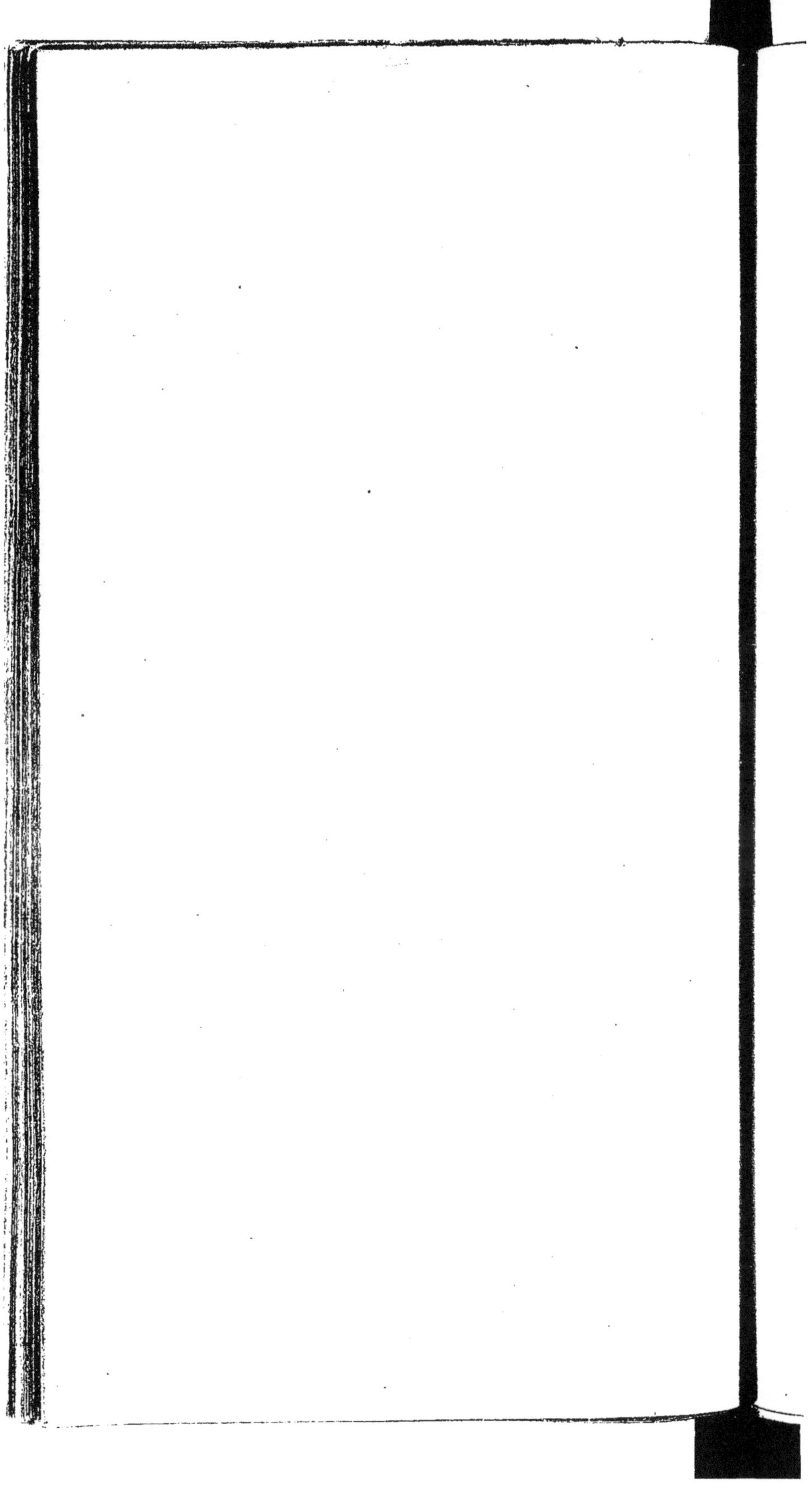

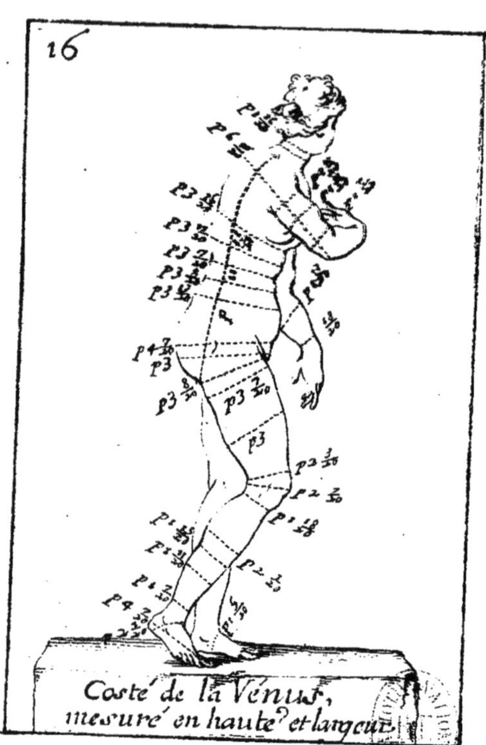

Costé de la Vénus,
mesuré en haute. et largeur.

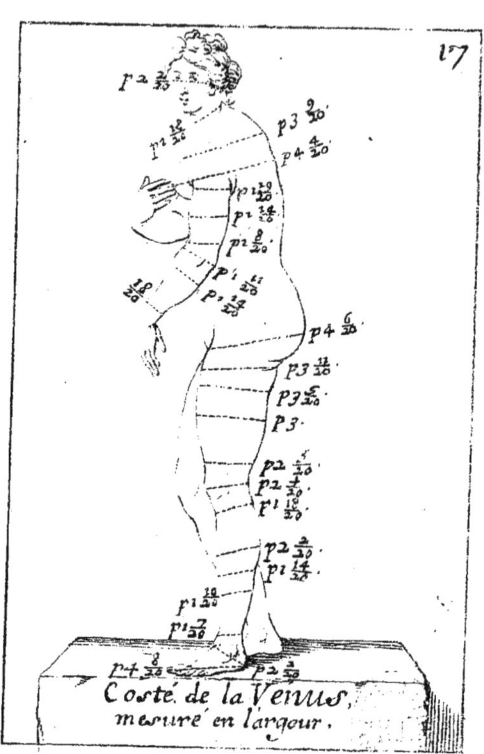

Costé de la Venus,
mesuré en largeur.

Planche 46

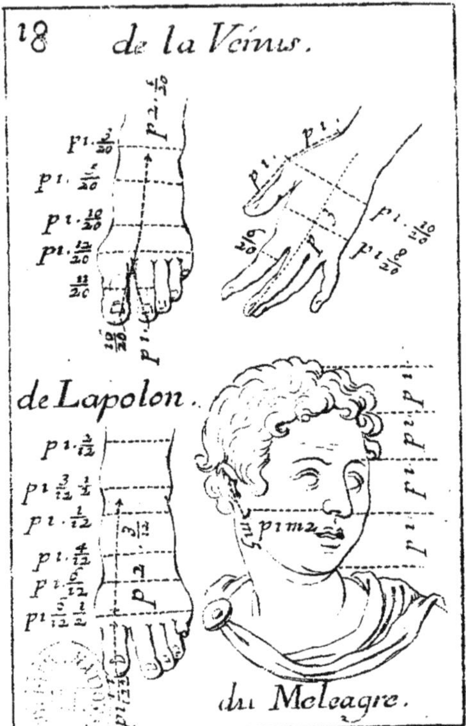

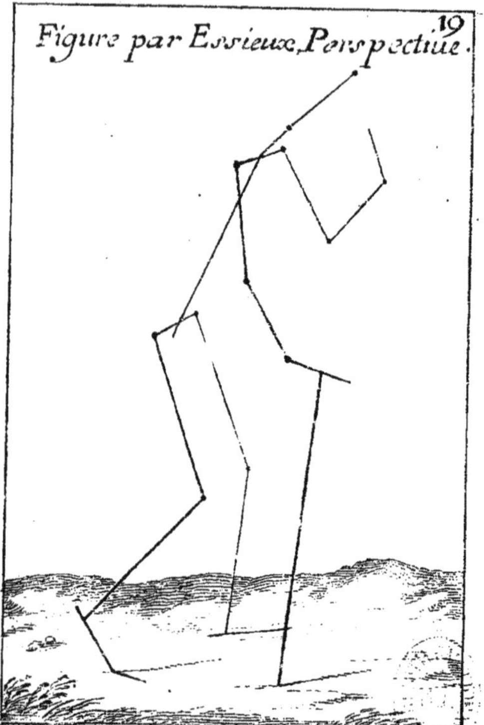
Figure par Essieux, Perspectiue.
19

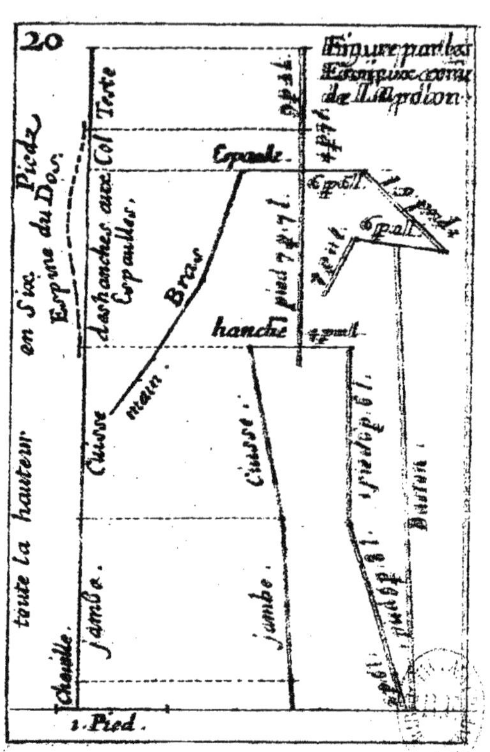
20
toute la hauteur en Six Piedz
Espine du Dos.
Cheuille.
jambe.
Cuisse
deshanches aux Espaulles.
Col
Teste
main.
Bras
Espaule.
hanche
jambe.
Cuisse.
1 pied 7 p. 7 l.
9 p. 1 l.
Baston.
1 Pied.

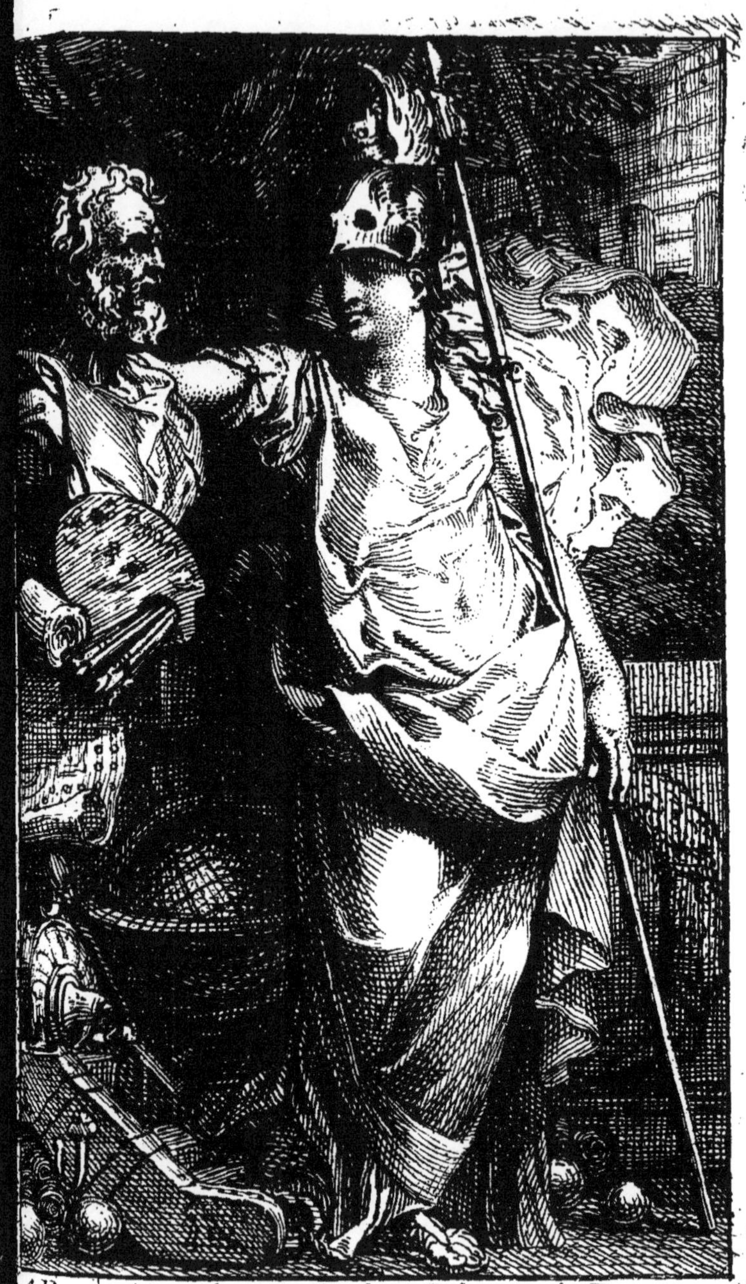

A Paris chez Ch. Ant. Jombert, Libraire du Roy, rue Dauphine, à l'Image Notre-Dame. Avec Privilège 1751.

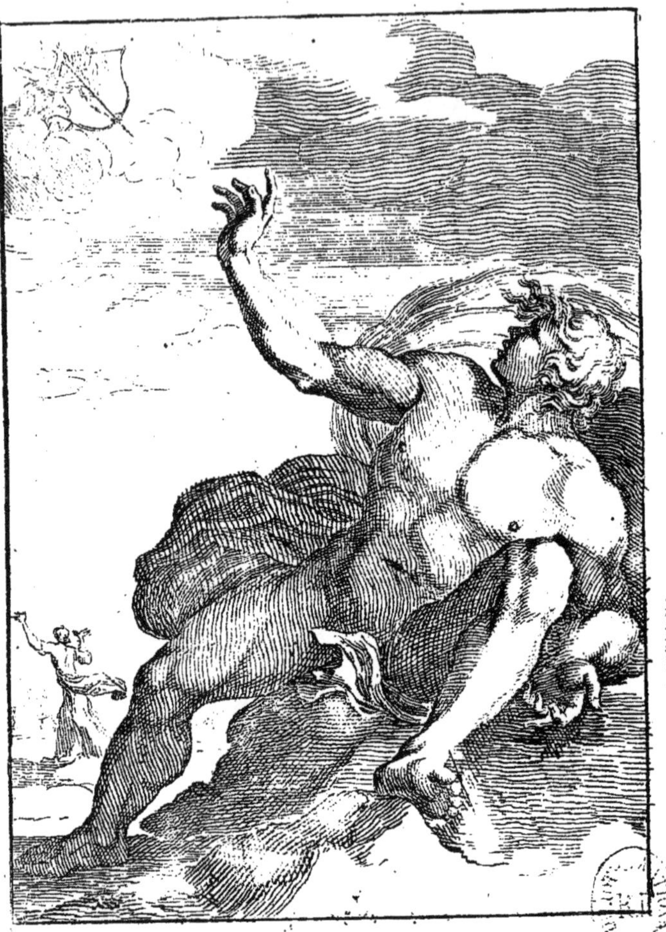

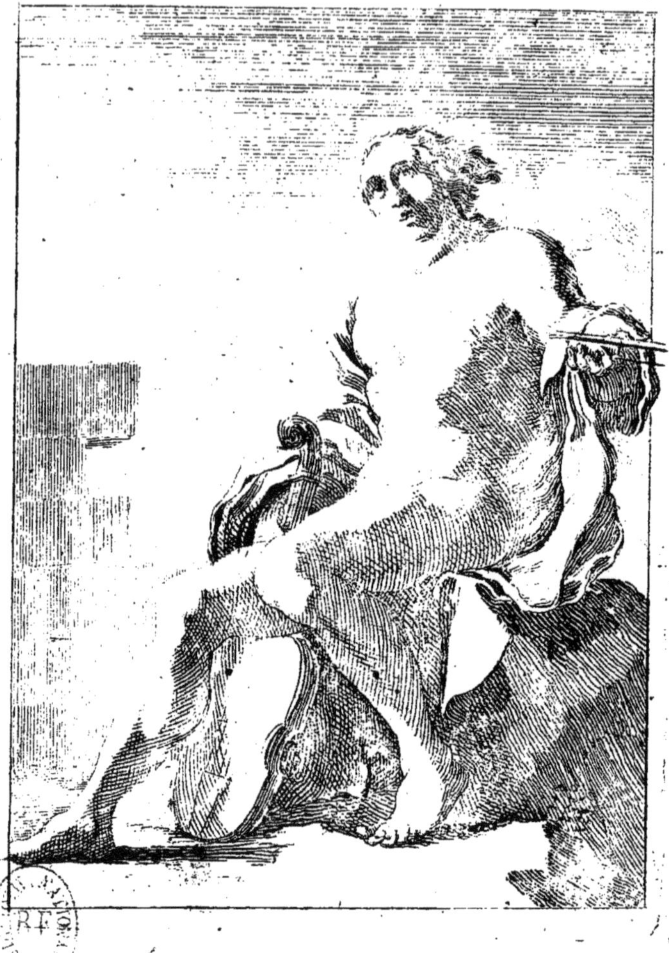

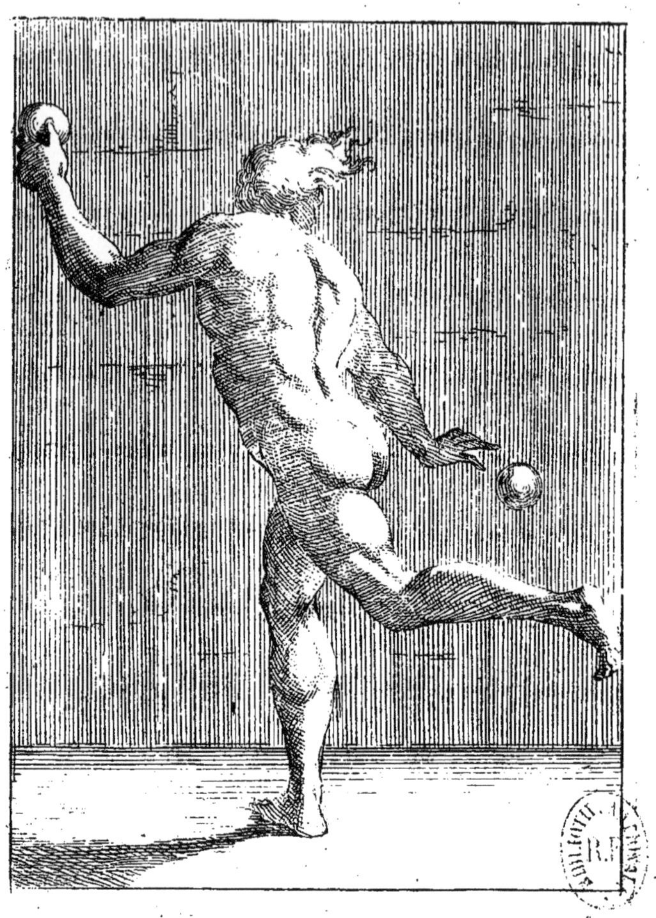

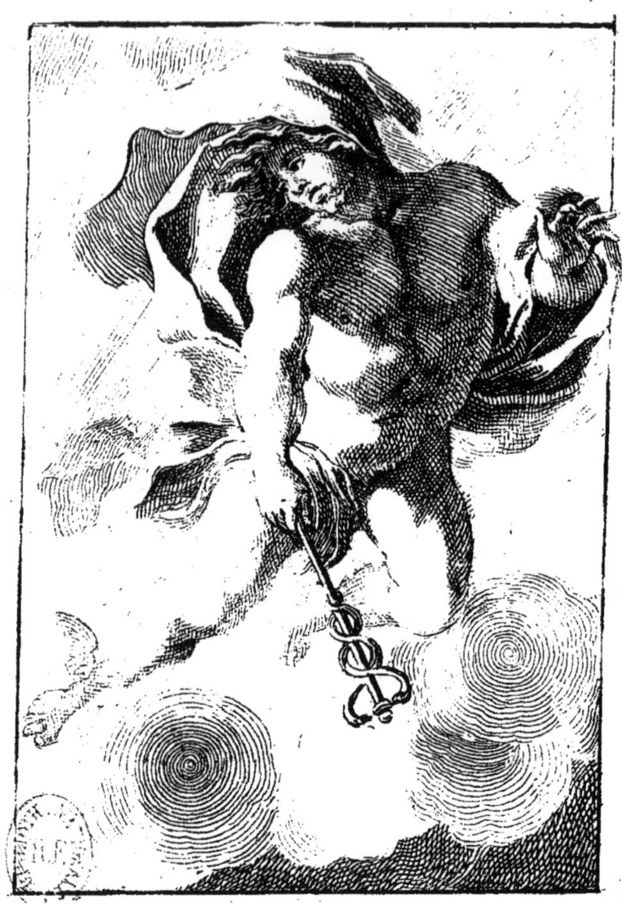

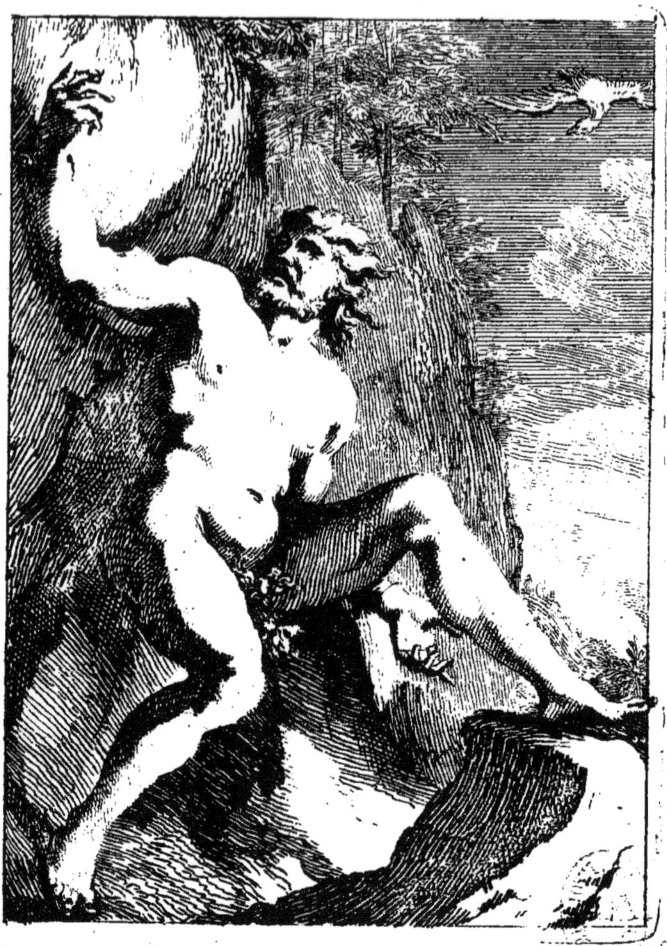

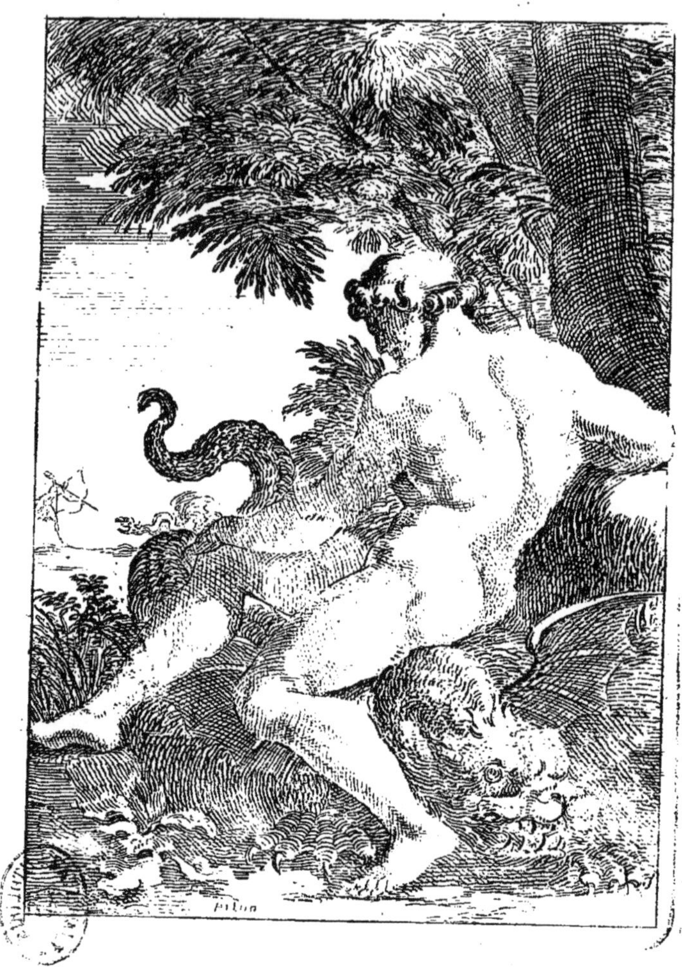

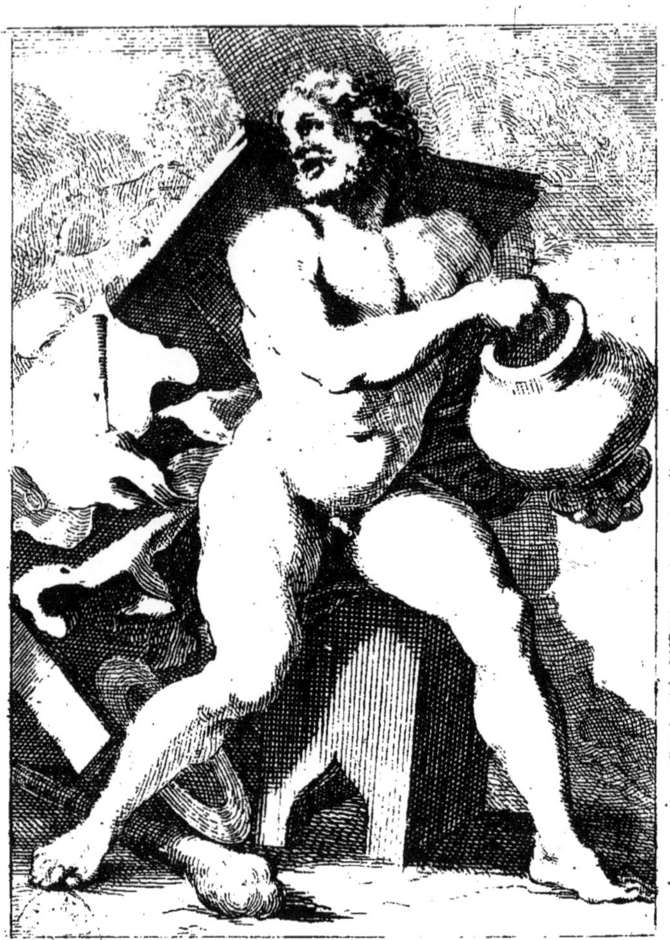

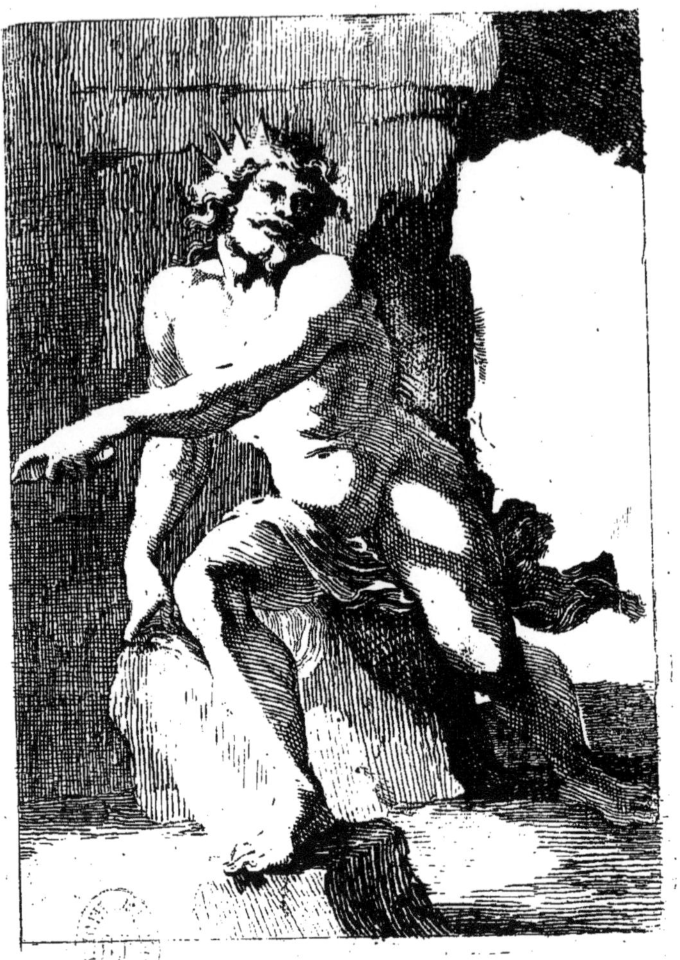

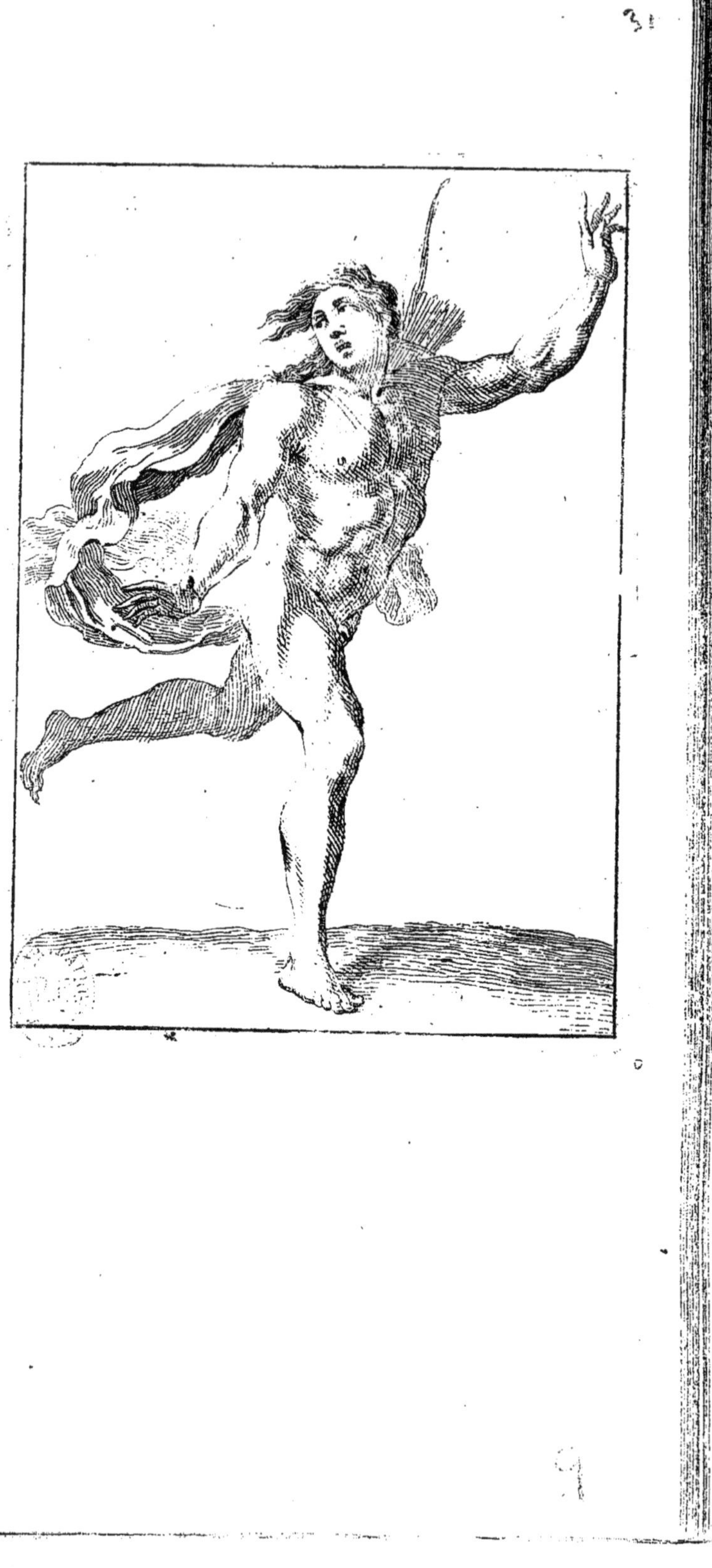

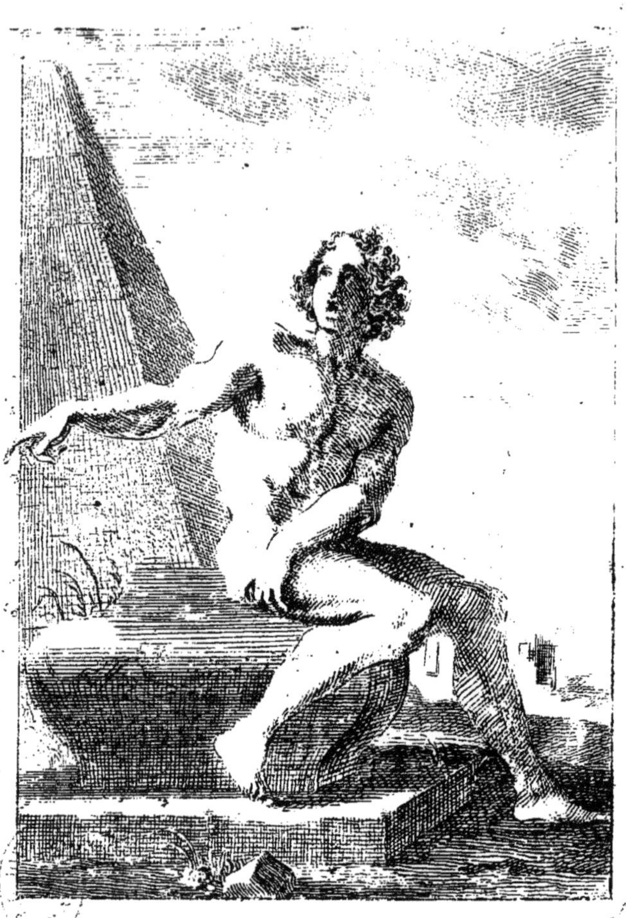

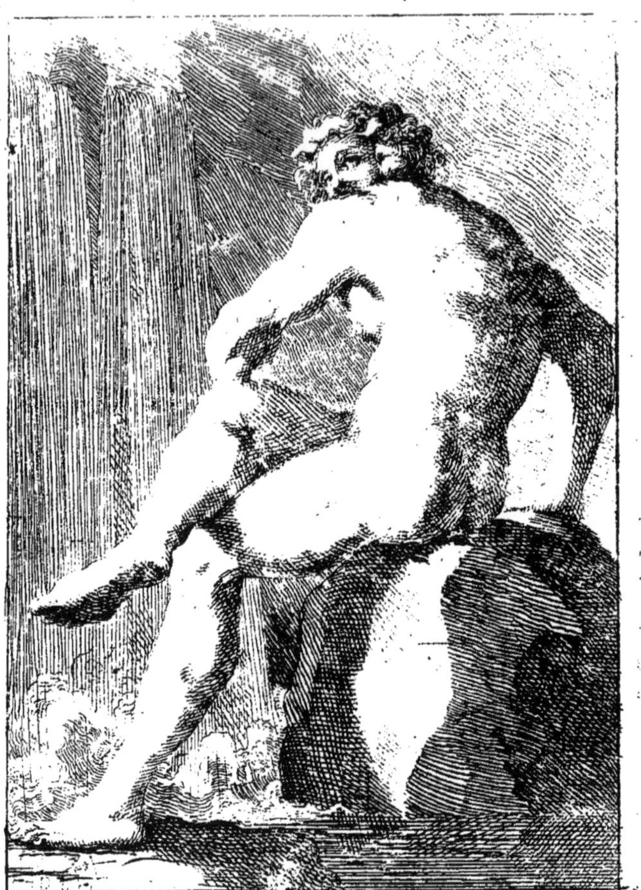

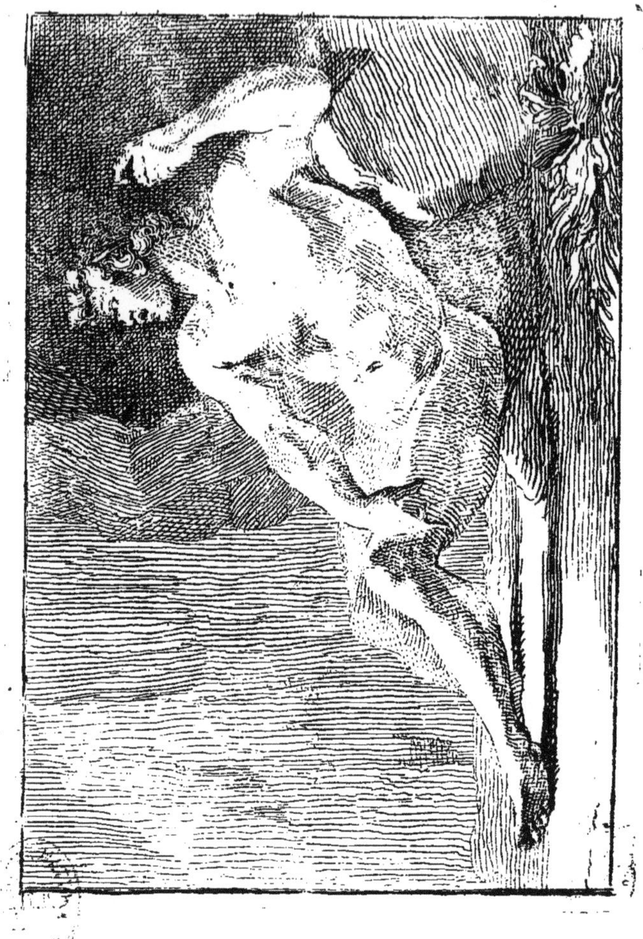

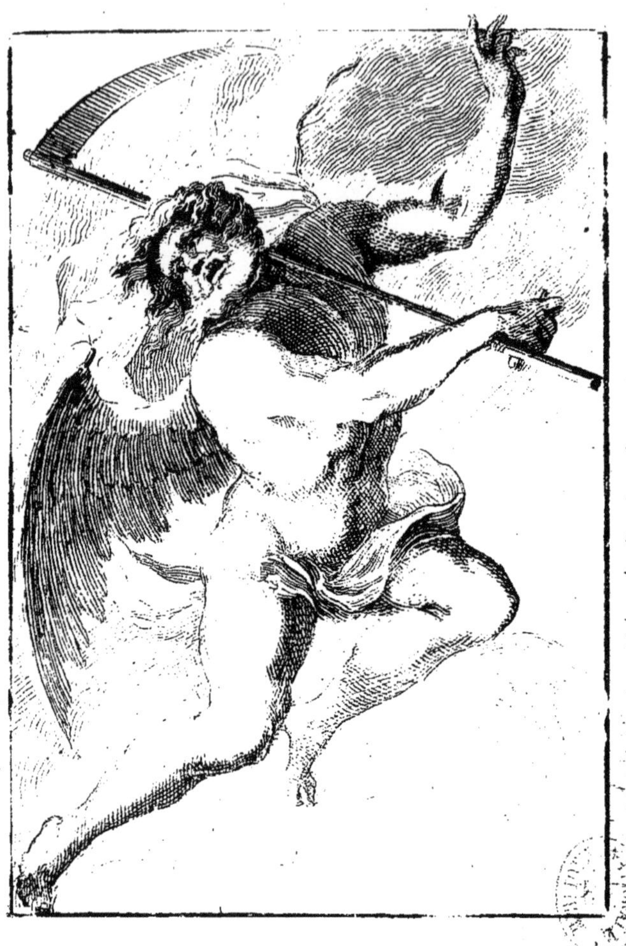

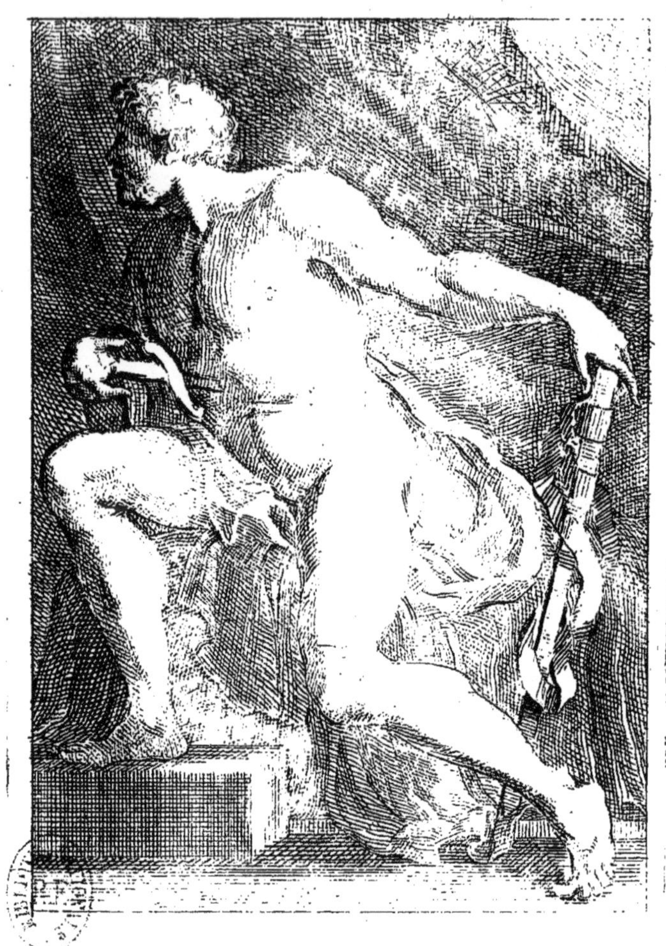

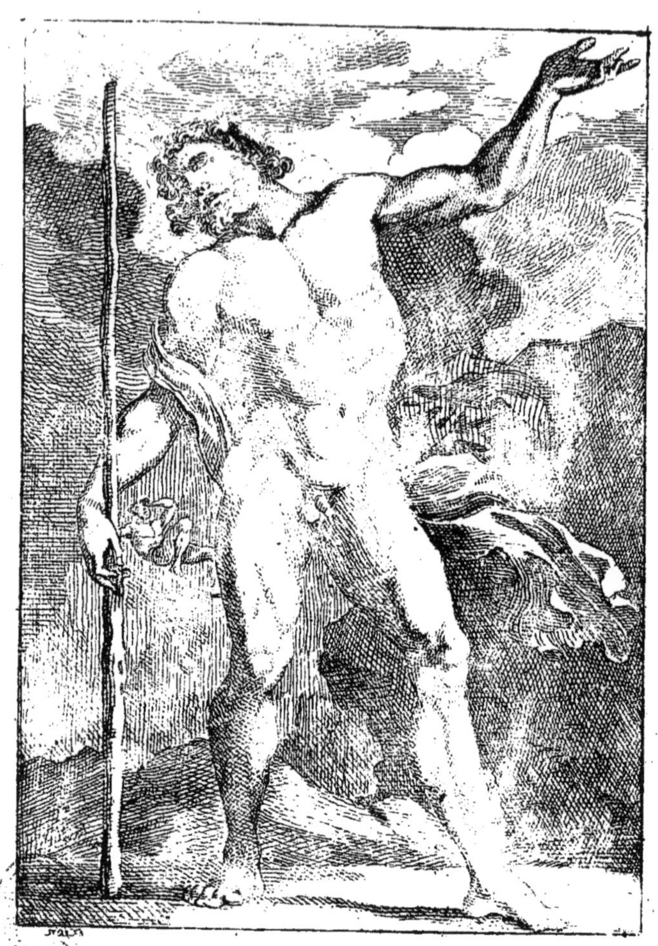

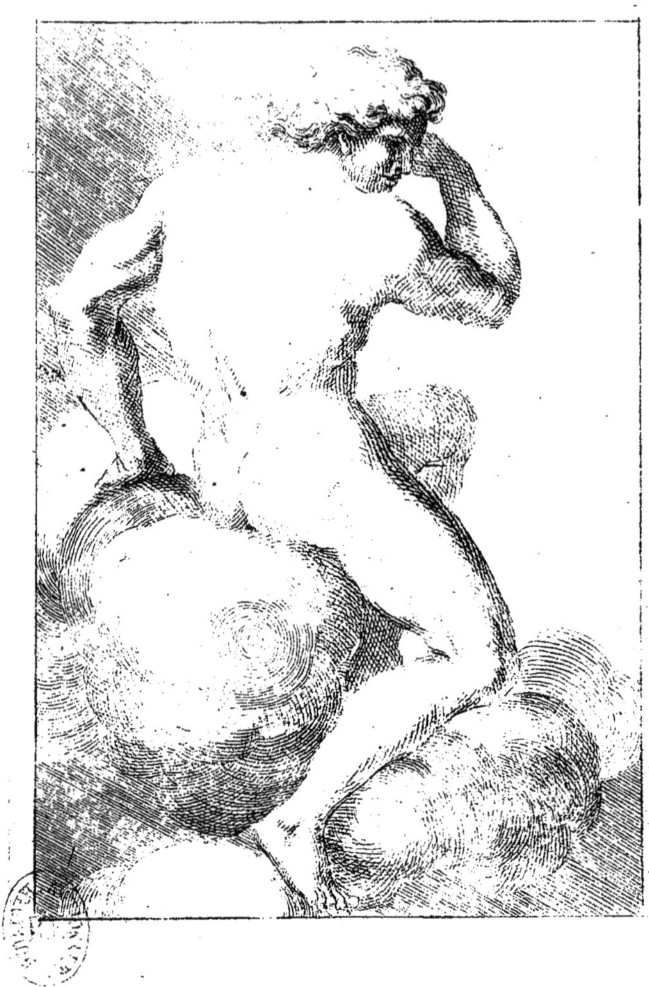

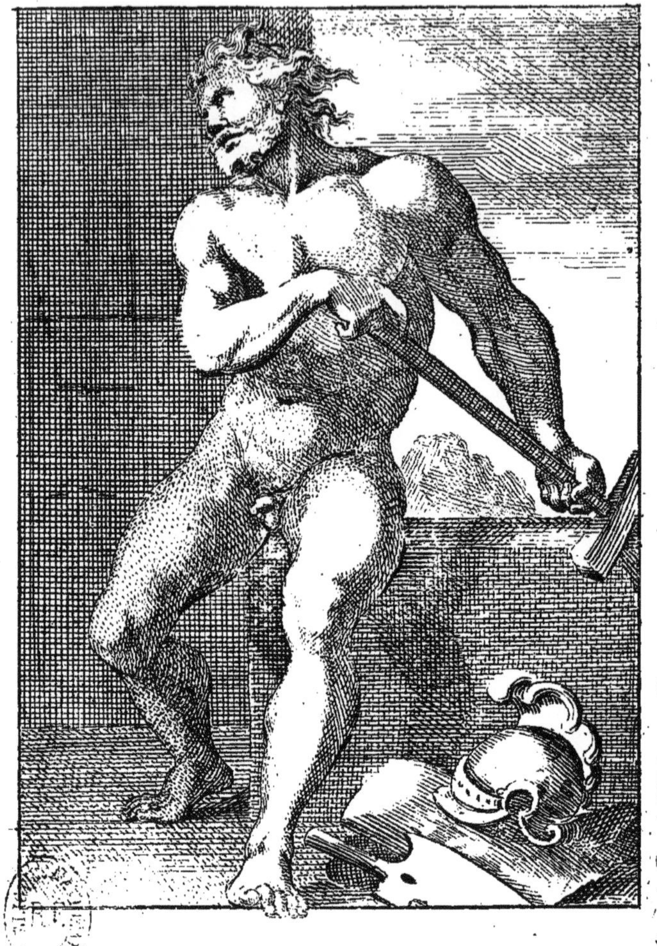

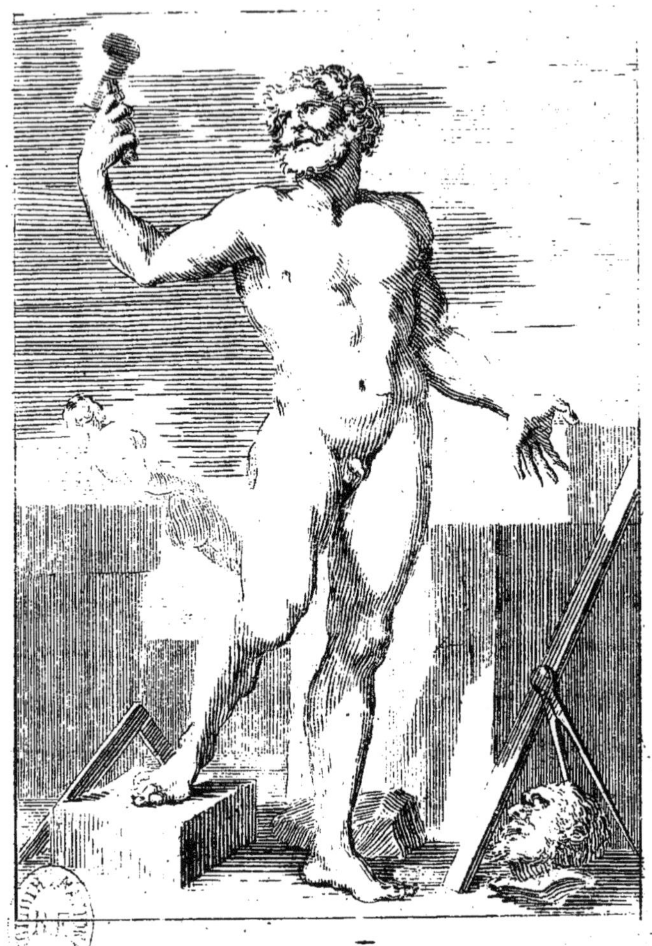

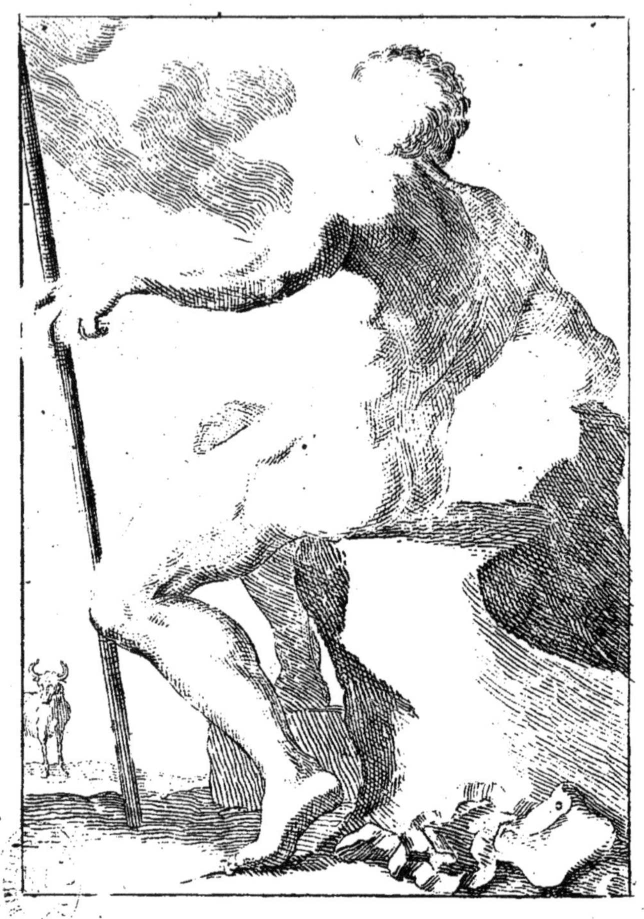

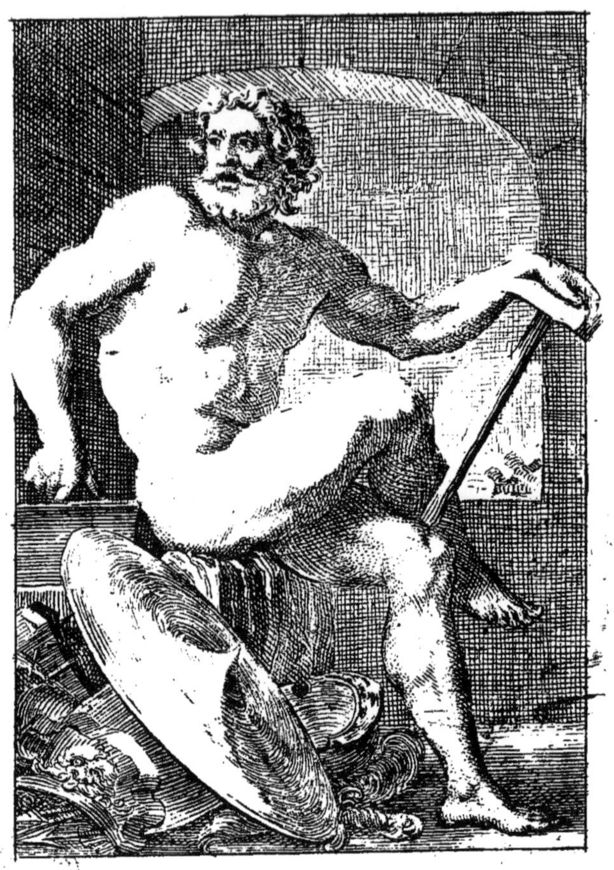

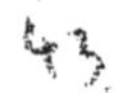

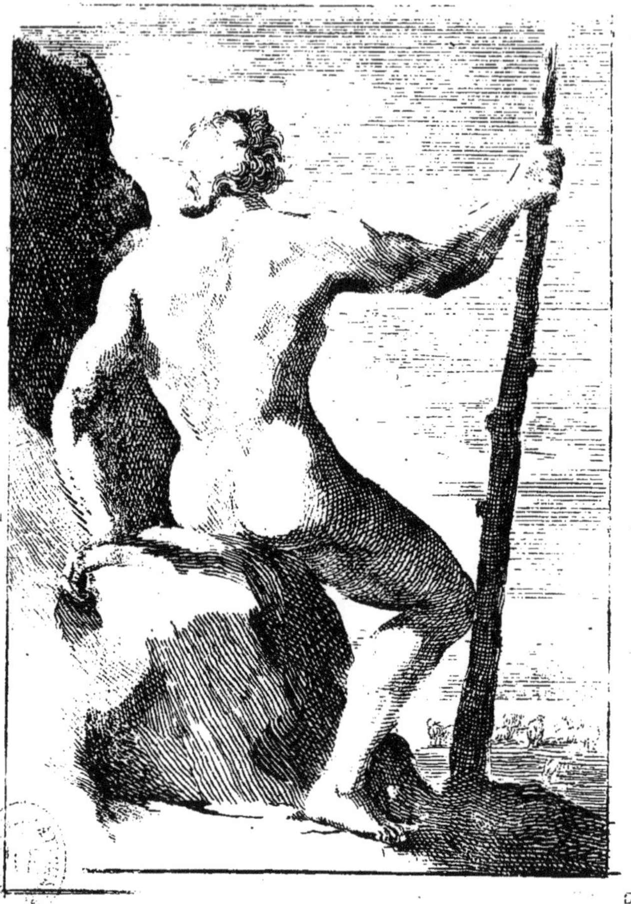

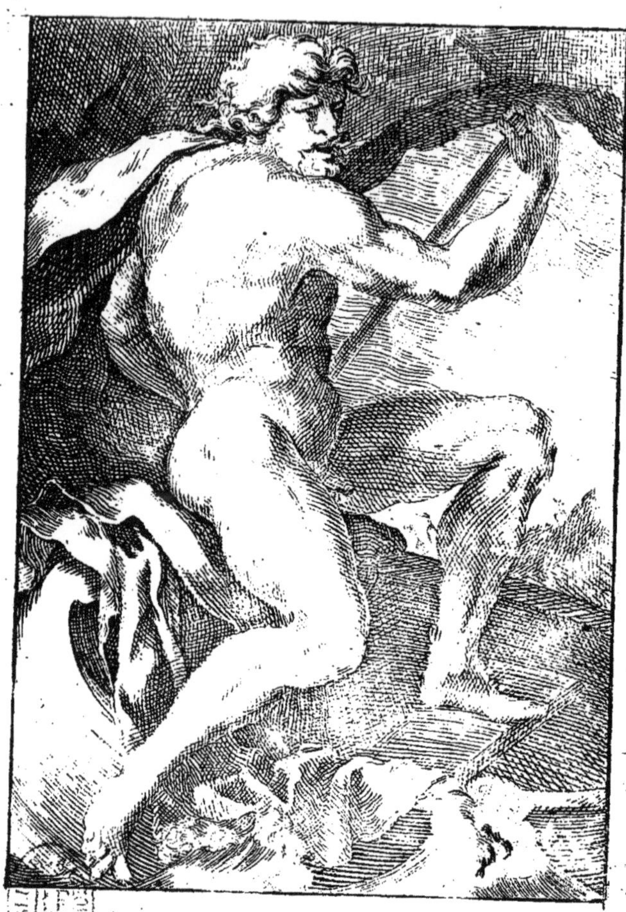

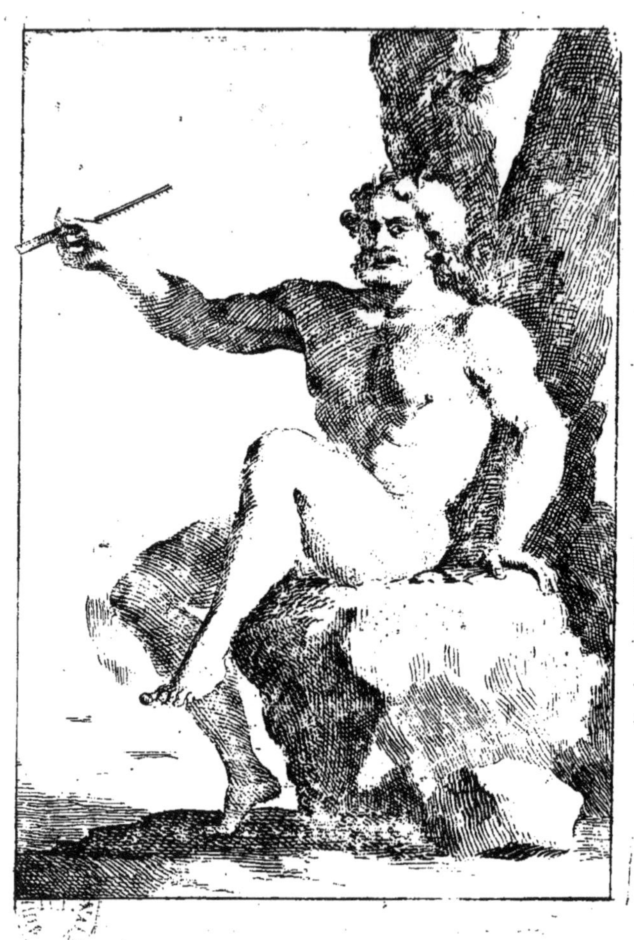

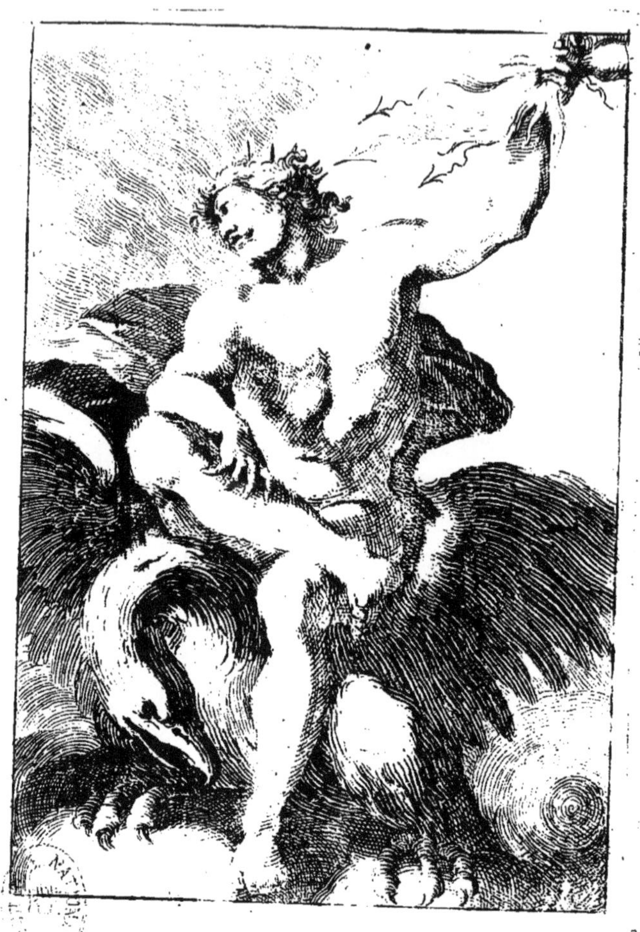

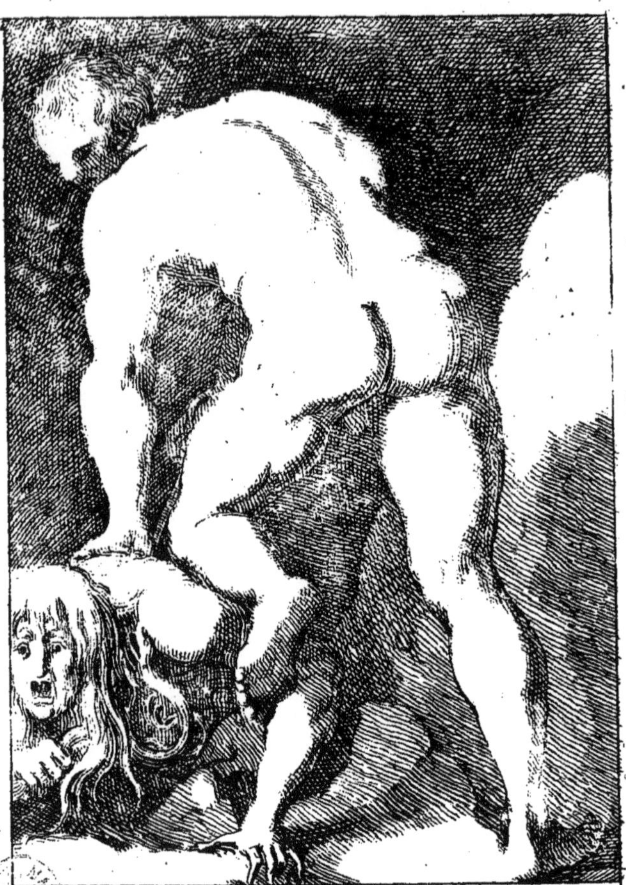

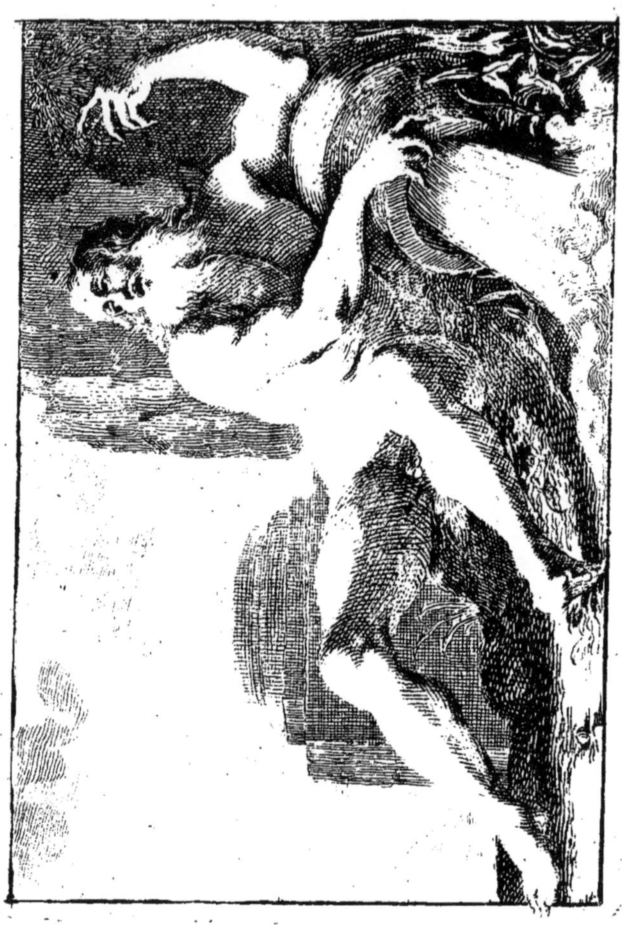

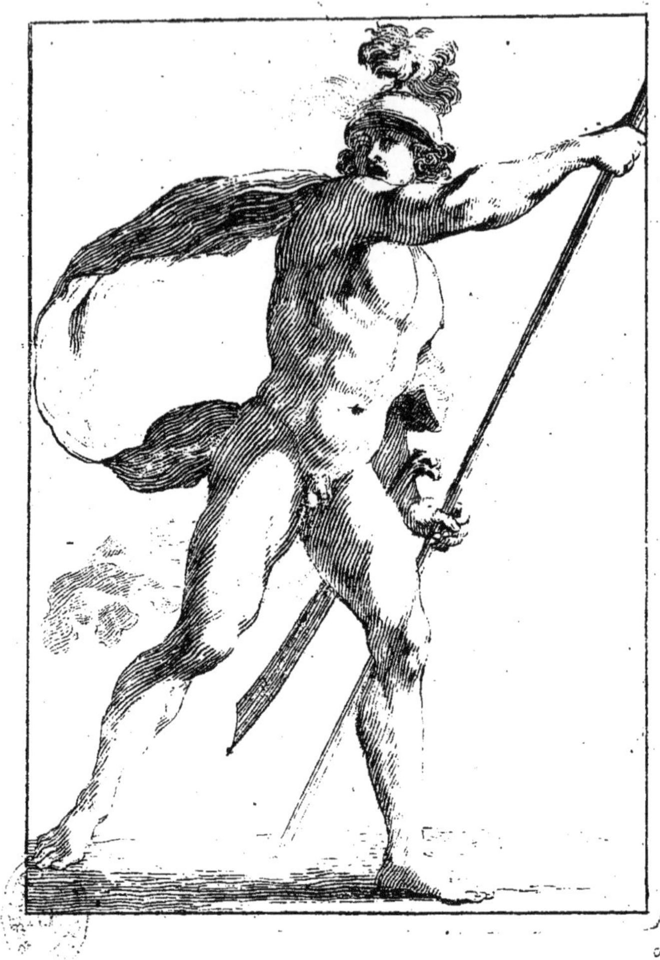

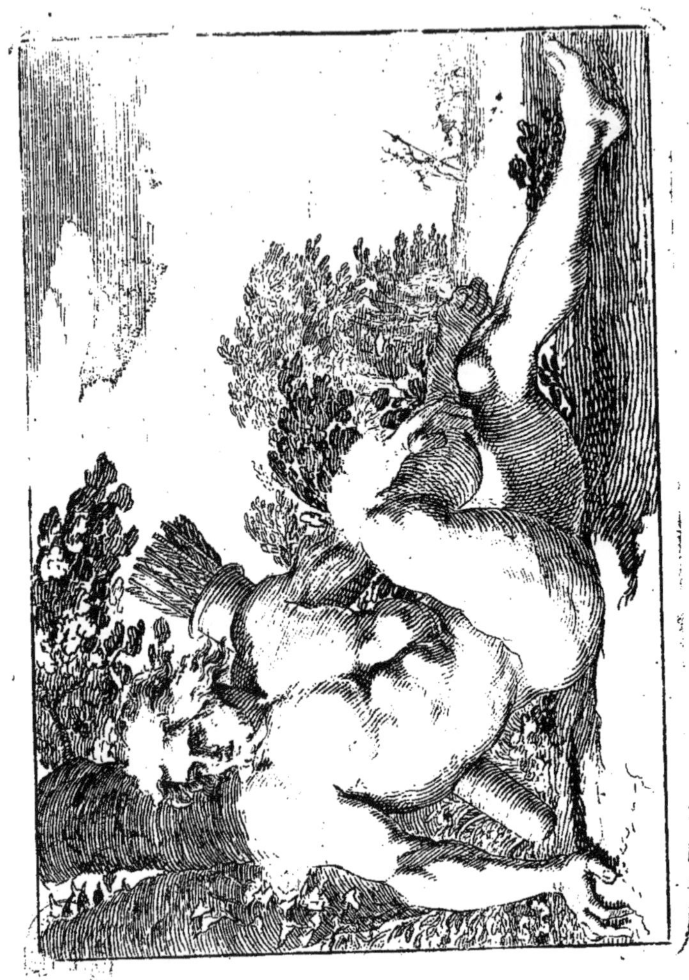

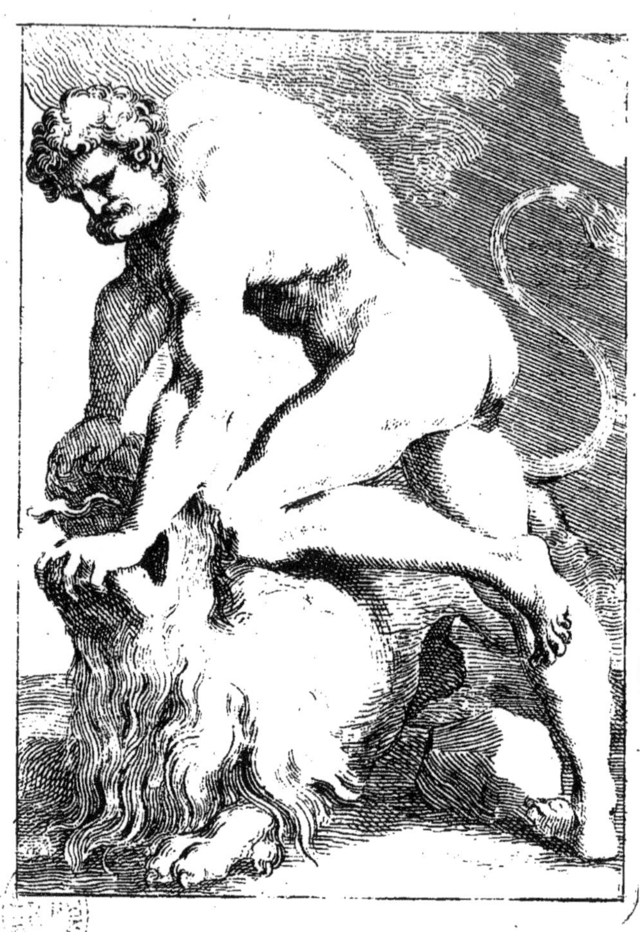

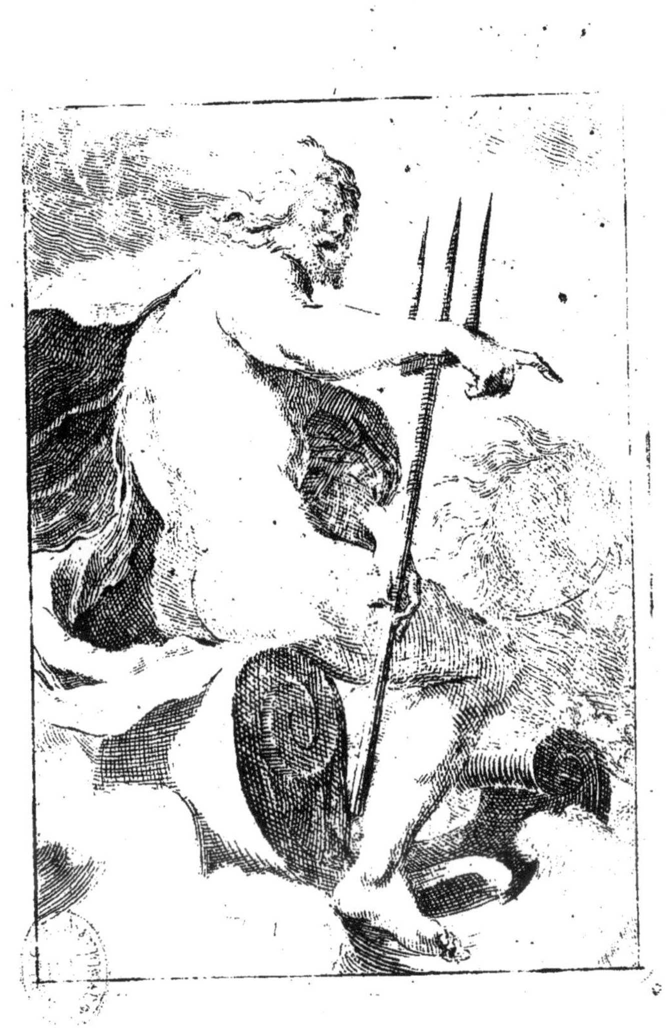

www.ingramcontent.com/pod-product-compliance
Ingram Content Group UK Ltd.
Pitfield, Milton Keynes, MK11 3LW, UK
UKHW020408190726
13838UKWH00006B/174